U0066985

下一個
偶像就是你

下一個
偶像就是你

下一個
偶像就是你

下一個
偶像就是你

下一個偶像就是你

就是要賴在演藝圈

艾力克/著

就是要賴在
I want to be a superstar.
演藝圈

傅薇　推薦

其實，我和冰冰並不是常常打電話、約出來喝咖啡的朋友。但是他是那種當你翻開電話簿、看到他名字的時候，就會感覺帶點歷史的溫暖、會激勵你努力加油的人。

第一次遇見他，是我主持的第二個節目，算是以現在來說，「廣告節目化」的鼻祖（或前身），談公司、工廠、品牌、美容整型外科，他是執行製作。再見到他是在一個談話性節目，所謂「名嘴」聚集一堂，政治人物、作家、明星討論著「大學聯考該不該廢止？」我是特別來賓，他是製作人。

為了宣傳我的新書，去上中廣的電台節目談「前進紐約」，主持人是「艾力克」。我們並沒有從紐約景象談起，卻從傅薇這個人的想法、生活態度、行事方式切入。他告訴聽衆，聽其言、觀其行，就會知道展現在書裡的風格及

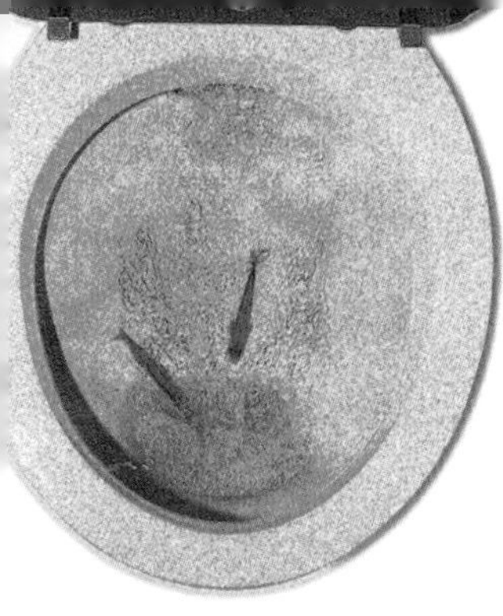

能夠帶給讀者幾分，包括你會不會喜歡？這樣的主持方式，印象不只深刻，是帶些驚喜！他是冰冰。

彼此都為對方高興著彼此都又做了件新的事，「你要加油！就是努力，高高興興的、穿得漂漂亮亮的在這行做下去！」

當報紙寫了他將離開電台，我打電話問：「接著怎麼辦？」他只說：再繼續啊！只要待在這個圈子就有機會，我還要寫書，『就是要賴在演藝圈』！就在不久，我說「如何？」他報告新工作「緯來日本台大變正日丸製作人」，再接到電話，就是為了這本書的序。

於是，我跟他認識的經過，就像倒帶般、像搭上火車回程一樣，人物、場景…然後像種定律，有些藝人不見了、轉行了、升級了，有些就是不見了，而且沒人認真問起！有些工作伙伴不見了、轉行了、升級了，有些就是不見了，而且沒人有興趣知道。但，有些人踏出去又回來了，舞台的魅力也

就是要賴在
I want to be a superstar.
演藝圈

好、機會主義的引誘也好！有些人掉下去，又爬上來，是百折不撓也好，是「機會留給有準備的人也好」，像旋轉木馬，臉孔轉啊轉啊的……

沒有演藝圈，大家會很寂寞吧！尤其現在，媒體廣且多，花樣繁且複，演藝圈真的越來越好玩！懷著憧憬的人更多了，重複著定律的人，來了又走了。但是，各行各業仿效著演藝圈的手法，作宣傳、辦活動。甚至處理自己的生活方式，也取樣自某位藝人或某種角色。簡單的說，沒有演藝圈，下次洗頭、喝酒應酬講什麼好？

有很多人，用各種不同的形容詞形容這行的工作、這行的人。我呢？會用這樣形容自己：「一隻天鵝看著天空的煙火」！我，為了保持在水面上，雙腳在水裡用力的划著，卻在水面上努力表現出我的優雅，幸福的看著天空絢爛的火花，那稍縱即逝卻耀眼的名、利、藝人朋友和他們的傑出表現！

有人希望能電光火石般的成功成名，目前，我希望我也能滴水穿石的累

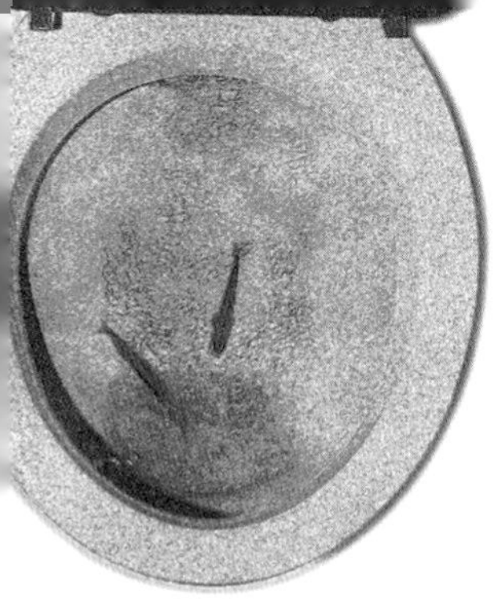

積。而冰冰，他的方式卻是各個行業都能一體適用的。認清事實又不忘記夢想，一方面努力工作，辛苦確信自己就是要「賴在演藝圈」。很榮幸也很高興我們都進來佔位子了，嗯！大家都要繼續努力喔！

藝人

就是要賴在
I want to be a superstar
演藝圈

吳恩文 推薦

第一次是如何認識冰冰，早已不記得了，當時我們兩個都在傳訊電視的台北中心工作，只不過我在中天頻道負責的是新聞，他在大地頻道負責的是娛樂，本來是老死不相往來，井水不犯河水的兩個世界，有時候兩幫人馬甚至會彼此看不順眼，以「怪物」來看待彼此。

可是成立之初的傳訊電視慘淡經營，一個小辦公室擠得滿滿的，大家得共用攝影棚、化妝室和剪輯室，久而久之，大家竟熟悉起彼此的工作性質和節目內容，我想，交談和熟識就是這麼開始的吧。

而我和所謂的「影劇圈」開始熟悉，也是從和他們這麼一票人鬼混之後，才略窺一二的。

相對於我們新聞圈，他們每天面對和處理的內容和我們純新聞相差很多，但我覺得「人」的差異性更大，在我看來，外貌只是其一，

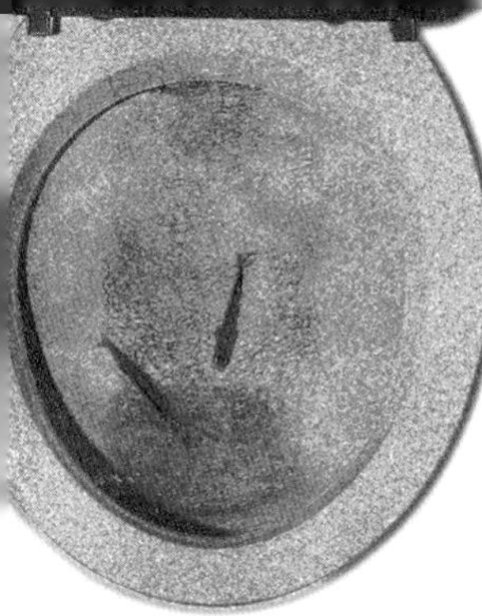

推薦序

行為模式和思考模式才是重點。

拿冰冰來說，他們可以在節目中喜好分明、極盡誇張、天馬行空，在製作過程中挖東補西、窮則變，變則通．．．．這在我們以嚴謹客觀公正平實自居的新聞人看來，簡直是令人瞠目結舌的一群「怪物」。

不過讓我感興趣的是，冰冰（或是和冰冰這樣的「怪物」）每天都在做些什麼？我發現，他們努力看影劇新聞，製造影劇新聞，努力和演藝人員哈啦，努力在背後毫不保留的評論每個人的優、缺點，努力去追求流行，努力去創造流行話題，努力去掌握整個演藝圈的動態（其實就是我們習慣說的「八卦」），努力去陪著這些內容大哭大笑，其實他們比我們更貼近深入工作內容。

冰冰努力的程度和我們做新聞不相上下，但是過程卻快樂許多，這個我必須承認，而這也是他們這票狐群狗黨把我吸住不放的原因，不然，我們認識這麼久了，怎麼從沒聽說他們喜愛上新聞圈的種種，或是因為我而認識更多新聞界的朋友。

話題再拉到冰冰身上，我在他身上找到一個永恆不變的特質，這個特質是——變動。

其實也不只是他，好像做那一行的身上都有這個血液因子，冰冰只是將它發揮到極致。冰冰有他一套應付這個世界的方式，形式極度堅強、勇敢和毫不眷戀，但是常常內在極端敏感、脆弱和搖擺不定。許多朋友看到冰冰可以在工作場域或感情世界中大起大落，替他膽戰心驚，但是卻不能不佩服他這打死不退、屢敗卻又屢戰的求生哲學。

說到哲學這兩個字，我可以想像冰冰看到時露出不可思議和自嘲的表情，其實就是兩個字而已：「爽」和「敢」。

真是有他的，光是這兩個字，就是我這個他們口中可以呼風喚雨

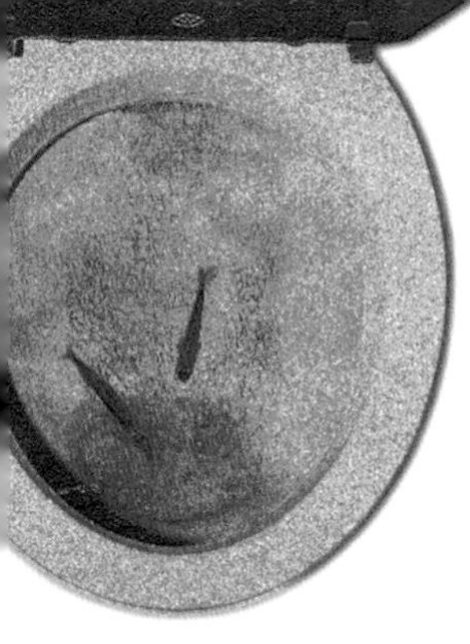

推薦序

的「吳主播」，所永遠企求不上的。

和冰冰在一起永遠不缺情緒，反正一定有什麼快樂、悲傷之類的情緒陪著，很戲劇性，也要有很強的心臟來適應。

冰冰的外語能力出奇的好，善於從事國民外交，從來沒有人相信他這種模樣竟然在淡江美國研究所一混好幾年，雖然最後還是以休學收場．但畢竟讓國內學術界免於一場浩劫，也是萬幸。

冰冰不但自己說學逗唱模仿樣樣精，如果外型還能再「突出」一點，運氣再好一點，再碰到多一些貴人，哪還有吳宗憲、阿亮、佼佼的天下呢？冰冰還熟知演藝圈的種種光鮮亮麗以及種種不堪，很多人，包括我，都怕他寫書，怕他寫到自己，到現在我也沒看到他的新書內容。

我堅持，我寫的，只為我自己負責，不為這本書負責。

就是要賴在
I want to be
a superstar.
演
藝
圈

這一篇，不應該叫序，因為只寫冰冰。

各位讀者，你們和我一樣，現在正在翻開書頁，去發現這演藝圈的驚人種種。

電台主持人

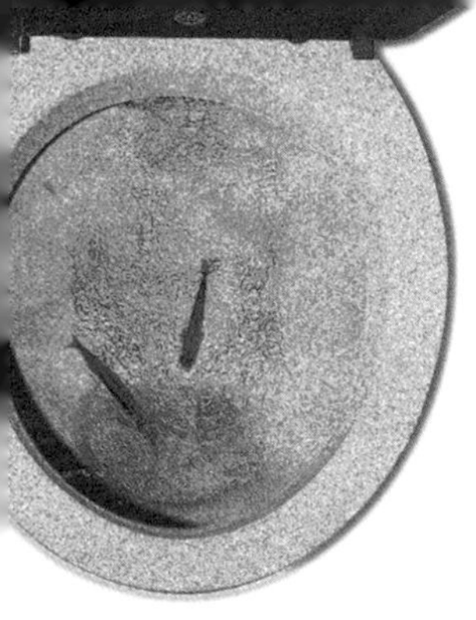

推薦序

吳建恆 推薦

艾力克，是我在「世新」的同班同學，我們都習慣叫他「冰冰」，我和冰冰曾經為了進演藝圈花了不少心血，因為當時的我們相信，不管是幕前還是幕後，只要能待在演藝圈，我們一定可以出人頭地。就這樣一頭栽進來，十年也就過去了。

十年之後冰冰出了這樣的一本書，不知裡面有沒有我們的辛酸史，那一段想要賴在演藝圈的日子。

電台主持人

就是要賴在
I want to be
a superstar
演藝圈

淳隆　推薦

電話來電顯示：ERIC HSIAO

淳隆：喂，冰冰啊，幹嘛，又要借電腦啊？還是要問樓下的速食店有沒有開啊？

冰冰：是怎樣？不能打電話給你啊？

淳隆：可以可以，全國收聽率最高的DJ。

冰冰：是怎樣？我就是全國收聽率最高的DJ，是怎樣？你咬我啊！跟你講喔，我又有新的計劃了！

淳隆：喔！三天一小變，五天一大變，你的計劃永遠趕不上變化。OK！到底是什麼計劃啊？

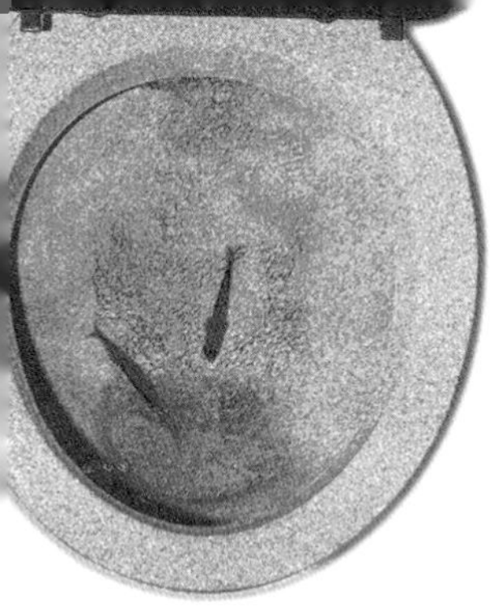

推薦序

冰冰：「粉」像不想知道哦？告訴你喔，請叫我：暢銷作家。

淳隆：是怎樣？你什麼錢都要賺！真是要叫你第一名！

沒錯！冰冰就是這樣，第一名喔！充滿了自信，充滿了活力，也極具冒險性。從他參與製作的節目類型繁多，新聞性、娛樂性、音樂性各種類型都有，不管是節目的創意或是主持人的搭配，都顯示出他有著獨特的創意與見解，同時他也有張多功能的嘴，會講笑話、會唱歌、會模仿（尤其是蔡秋鳳的金包銀），如此多幕前、幕後的才華聚集於一身，冰冰豈只是「賴」在演藝圈，他可以「逍遙」在演藝圈。

演員、主持人

就是要賴在
I want to be a superstar.
演藝圈

自序

首先要感謝你打開或者買了這本書，在你開始讀這本書之前，艾力克有一些話想說，其實這應該不算是一本書，因為在裡面你看不到優美的詞句，或是和其他職業作家一樣深遠的意境，艾力克使用非常口語化的方式寫出我的經驗及看法，所以你會覺得像是我在和你說話，千萬不要以為是我的文筆不好，這是我個人獨特的寫作方式。

說實在的，寫別人真的比寫自己容易多了。要讓我來說自己是一個怎樣的人實在很不客觀，不過由別人眼中的我還是可以約略估算出我是一個怎樣的人。大體上來說，我就是一個陽光美少男就是了！可別偷笑，有誰願意說自己不好呢？我是一個對自己十分沒有自信的

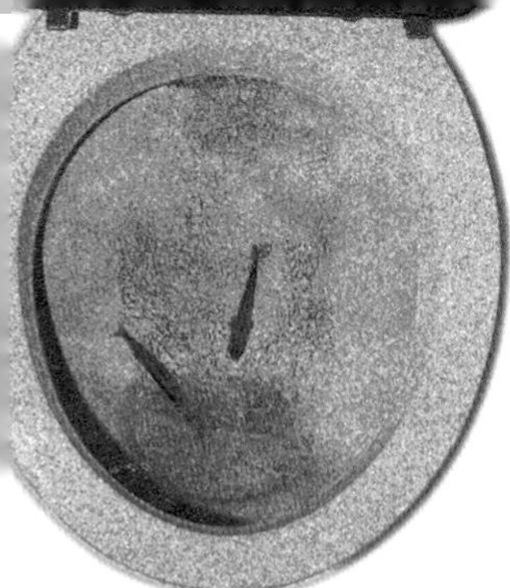

自序

人，從小的個性就是非常「畢俗」，讓我在大庭廣眾面前說話是不可能的事，又十分的扭捏，總之，是不可能從事大眾傳播這個工作就是了，不過現在的我卻樂在其中，這當中的轉捩點是什麼呢？我想應該就是進了「世新」以後的事了吧。

高中畢業以後的升學之路十分的坎坷，大學聯考參加了三次，可是年年名落孫山，最後一年求神拜佛的終於考上了「世新圖書資料科」。有了歸屬感的感覺真的很好，那一年，也就是1988年，是我最開心的一年，進入了另外一個完全不同於以往的領域，每天我開心的在校園裡過著充實的生活，即使是沒課，也要似若忙碌地花一整天在學校裡面，這樣的日子持續了半個學期。

「世新」是個非常奇特的學校。所有科系都和傳播息息相關，唯獨我念的圖書資料科除外。在校園裡的時候，看著廣播電視科的同學

就是要賴在
I want to be a superstar.
演藝圈

們，拿著攝影器材開心的做著自己的作業，讓在一旁專心看著的我有了另外一個不曾有過的想法：如果我也讀廣播電視科會怎樣？這樣的念頭開始每天在我的腦海裡浮現。

於是我動了轉科的念頭。那個時候的世新還實施「外點」制度，也就是每一堂課都會有一個點名老師，在上課以後察看你是否有出席，而轉科的規定是操行分數必須要超過70分，每曠課一堂扣操行0.5分，於是我準備了一本小冊子方便記錄下我總共翹了幾堂課。在小心的規劃下，我在二年級的時候順利的轉到廣乙，在那個時候也和建恆成了同班同學。

進了廣電科以後，我的人生有了180度的轉變。

廣播電視科是要栽培未來的廣播電視從業人員，因此在課程的規劃上就十分的豐富有趣，需要學習表演、訓練自己的創意。對那時的

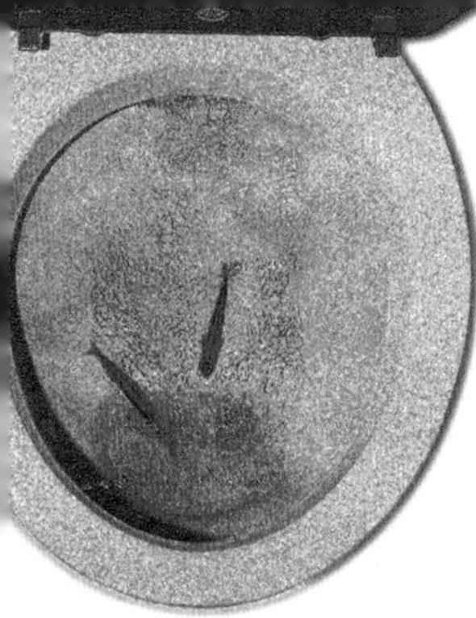

自序

我來說可是充滿了未知的挑戰，我實在無法想像那麼「畢俗」的我是否能應付那樣的情形，不過俗話說：兵來將擋，水來土掩。原來我的骨子裡還是充滿了三八的細胞。我順利的從廣電科系畢業了，我也順利的進入了演藝圈。

其實這個圈子真的非常吸引人，充滿了歡笑和淚水。我被人欺侮過，也只能辛酸往肚裡吞，相信很多從事傳播的人都有相同的經驗，不過快樂的事情也是很多，這也是這個圈子吸引人的原因之一。

我很高興有機會出這樣的一本書，就如同一個電視廣告所說的「能讓讀者得到東西的書就是好書」，希望對於圈內人以及想進入這個圈子的人多少有幫助。雖然我並非這個圈子的千年妖精，但是多多少少也知道一些「求生守則」，如果你在這個工作遇到了一些麻煩，也許你可以從書中得到一些啓示，又如果你是急於想進入這個圈子卻又苦

無入門之道，而你可能會因為這本書而發現一些奇蹟，無論如何，買了這本書你就準備「出運」了！

如果有不周全的地方也請多多指教了。

艾力克

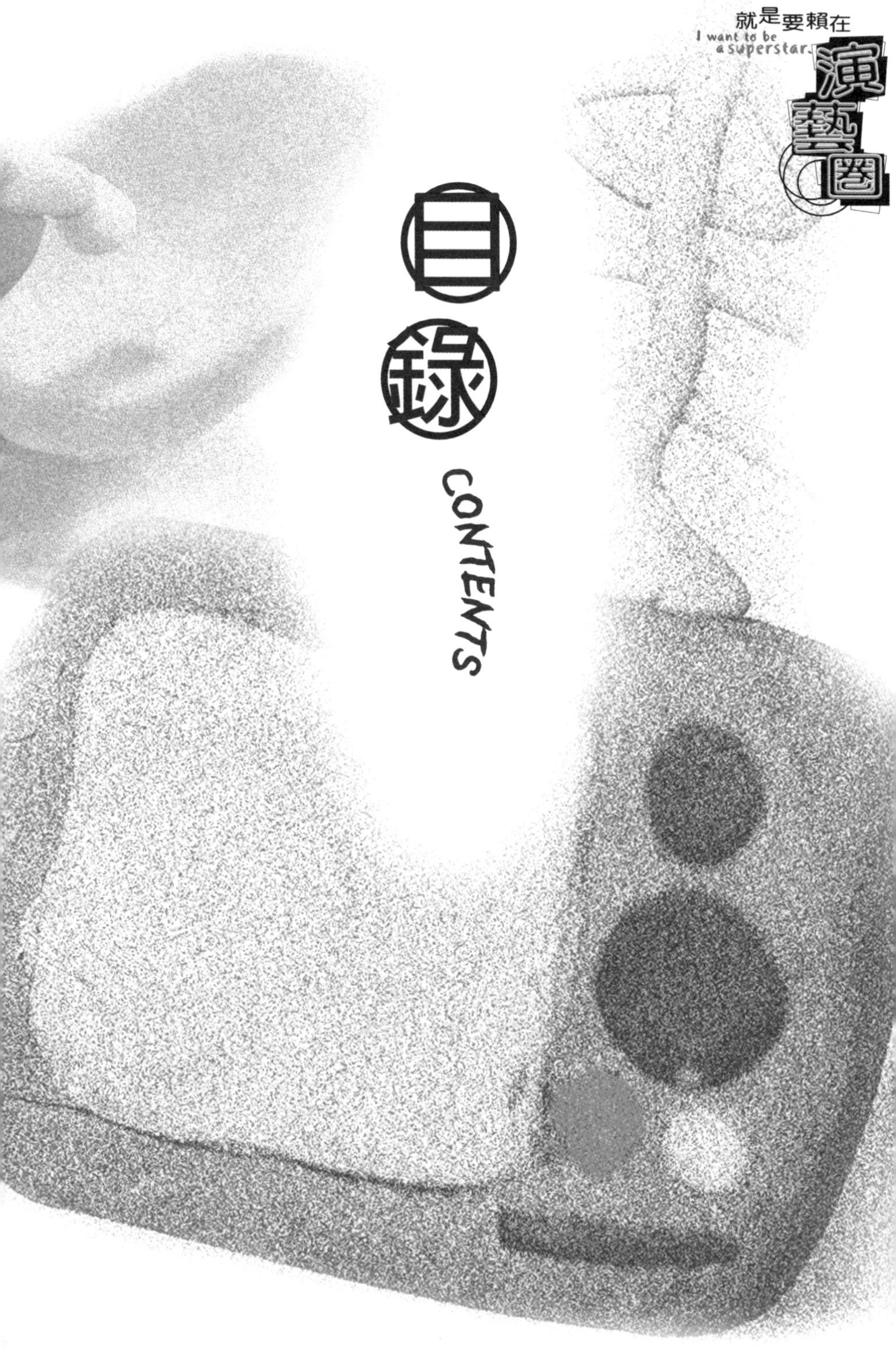
就是要賴在
I want to be a superstar.
演藝圈
目錄
CONTENTS

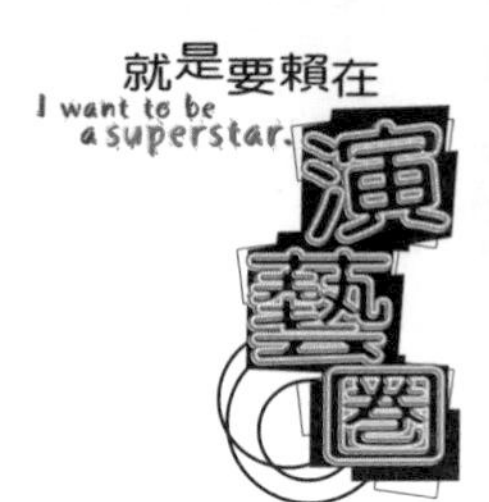
就是要賴在
I want to be
a superstar.
演
藝
圈

CONTENTS

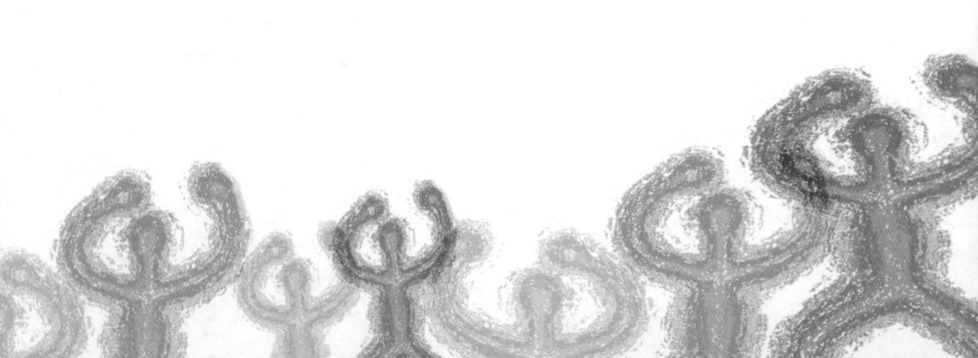

chapter 3 如何賴進演藝圈

就是要賴在
I want to be a superstar.
演藝圈

人手一機的時代來臨

越燒越烈的哈日旋風

平面傳播革命將再起

傳播人必備工具PDA

新聞與商業密切結合

我們需要典範

後記

027

演
藝
圈

看到這幾個字時，是不是腦海當中立刻閃過許多五光十色、令人目不暇給的畫面呢？沒錯！演藝圈就是這麼吸引人。說實在的，我從來都沒想過我會進這一行，可能是因為在學校就是念傳播的關係吧！而傳播和演藝圈就如同脣齒相依般的關係，首先就讓我們來認識一下演藝圈吧！

✿唱片業

唱片業在台灣風光了十幾年，但是這幾年面臨了莫大的考驗，想當初它風光的時候，每個人的口袋都麥克麥克的呢！目前台灣唱片市場以外資為主，而真正台資而且較具國際規模的就屬滾石了，不過所謂的五大唱片公司其實也歷經一段時間的整合，我現在就來介紹一下。

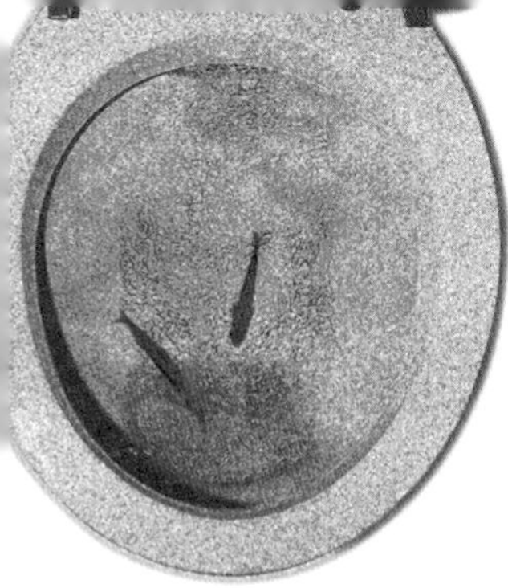

演藝圈

1. BMG唱片：中文應該翻作博德曼，是一家非常大的國際公司，主要歌手有 劉德華、古巨基、鄭伊健、陳小春、4 IN LOVE…等，另外，BMG有一家算是子公司的合作單位，就是吳宗憲的阿爾發公司，所以旗下的藝人康康、吳宗憲、周杰倫…等也都算是BMG的藝人。

2. 華納唱片：年紀大一點的朋友可能會記得以前有一家唱片公司叫飛碟，飛碟唱片就是現在華納唱片的前身，目前華納唱片的歌手有鄭秀文、孫燕姿、郭富城．．．等，還有新加入不久的大陸天后那英以及台灣天后張惠妹。

3. 豐華唱片：本土唱片公司。主要歌手有曾寶儀、阿亮、陶晶瑩、林志穎…等。

就是要賴在
I want to be a superstar.
演藝圈

4. 滾石唱片：這是目前唯一台資而且具國際規模的台灣唱片公司，旗下歌手不勝枚舉，如杜德偉、任賢齊、辛曉琪、蘇慧倫、李宗盛、萬芳、黃品源…等，滾石旗下還有許多子公司，如魔岩、龍捲風，所以歌手還可加入張震嶽、楊乃文、李雨寰、糯米糰等等。

5. EMI：外資。旗下歌手有王菲、Beauty 4、張宇、范文芳、戴佩妮、劉虹嬅、高山峰等，另外還有一家子公司維京唱片，所以旗下歌手還有蕭亞軒、黃立行、小美、侯湘婷、霍經綸等等。

6. SONY：外資。主要歌手有黎明、伍思凱、藍心湄、脫拉庫、哈林、趙詠華、張信哲等，旗下還有一家子公司Epic，歌手有林志炫、鄭雪兒等。

7. 環球唱片：這家公司是目前台灣最具規模的唱片公司之一，它購併

演藝圈

了寶麗金唱片公司，所以寶麗金體系下的上華唱片也都是屬於環球體系，旗下歌手有：蔡依林、阿雅、鄭中基、張學友…等等。

當然，除了以上的唱片公司以外，還有其他許多規模較小的公司，在這裡就不再一一贅述了。不過各位讀者可能會有些納悶的是：這麼多的歌手是從哪裡冒出來呢？其實原因很簡單，和許多電視、電影演員一樣，在待會的電視業中再為大家一一解析。

唱片業是一個非常容易賺錢的行業，如果一位歌手的專輯大賣了，那前三年賠的錢都可在一張專輯當中賺回來，不僅唱片公司高興，歌手也可能在一夕之間變成了千萬富翁，那也得押對寶才行，否則銀子一袋一袋地砸，唱片也是一張一張地賠，在這種投機因素之下，也難怪台灣的唱片出片量名列世界前幾名，反正只要押對了，先賠幾年都沒關係，不過無庸置疑的，押來押去還是靠運氣，誰也不知道哪一位歌手會突然變紅，真正決定他們生死的還是各位買唱片的消費者。

✿電視業

在現代社會中，如果有人說家裡沒電視，那可真是會笑掉人家大牙的，由此說來就可以知道電視對人們生活的影響有多大，前一陣子流行過一句話：『沒有知識也要有常識，沒有常識也要常看電視』。台灣的電視發展史值得大書特書的，瞬息萬變又充滿著光怪陸離的現象，聽起來怪怪的，可是卻也讓許多人前仆後繼死而後已。

大體來說，電視這個行業可以分成幕前和幕後兩個部分，我們先從幕前來說說吧！走幕前的其實就是大家知道的大明星了，那大明星又包括哪些呢？這又和電視節目的類型有關了。我們先從『黃金八點檔』、『九點半單元

演藝圈

劇』開始好了。一個戲劇節目主要是由演員所組成，那演員又從哪裡來呢？其實大家都知道，在台灣的演藝圈中，有許多的『經紀公司』，而這些經紀公司的簽約藝人就是戲劇節目演員的主要來源，通常經紀公司會對旗下藝人做非常完善的演藝規劃，大部分是以戲劇線為主，因此經紀公司和製作單位都保有非常密切的關係，一有新戲要拍，經紀公司就會卯起來推薦自己家裡的藝人，如果成功了，那麼這位藝人就有可能會大紅大紫，名聲紅透大街小巷。

好的！艾力克要來解決大家心中的疑惑了，因為你們一定想問我：那些簽約藝人又是從哪裡冒出來的呢？艾力克歸納出了一些版本，我們可以一起來檢視一下。

版本一：走在路上被『星探』發現。

對！『星探』在這個時候出現了，其實演藝圈這個行業是真的有星探

的，而這些星探其實就是經紀公司的工作人員。由於觀眾一直都是喜新厭舊的，演藝圈需要大量的新面孔，所以有時候經紀公司的工作人員會充當星探，不時的發掘新人，應付演藝圈的大量需求，其實最吸引人的一點是演藝圈的『抽成制度』，抽成制度讓許多經紀人樂於發掘新臉孔。

藝人在螢光幕前努力工作贏取掌聲、賺取金錢，但是經紀人卻是藝人幕後的那隻黑手，藝人賺錢，經紀人也賺錢，而且躲在幕後日子更加自由自在，所以只要簽到一棵『搖錢樹』，那麼日子可是富貴逼人！一般來說，經紀人大約是抽兩成，也就是經紀人幫藝人接到一場一萬元的活動，那麼藝人拿八千元，經紀人或公司拿兩千元。聽起來有點像站在街邊營業的人，不過不要以為經紀人那麼好當，如果對於演藝圈不熟，人脈不夠四通八達，那麼經營起來可是十分困難，非但自己賺不到錢，可能還會連累簽約的藝人，所以如果你在街上遇到星探跟你搭訕，可別高興得太早，不是簽了約就能紅，簽

演藝圈

了約又不紅的才多呢！

版本二：科班出身。

其實大部分的演員是從科班出身的，也就是念影劇相關科系的學生，當然也不是全部念影劇的學生都可以順利進入演藝圈當演員，可也得要表現優異、有個人特色才行。以前演藝圈給人的概念是一定要俊男美女，是啦！俊男美女的確是讓人賞心悅目，有美化人生、營造日劇般的效果，但是往往顯得非常不真實，難道只有俊男美女可以談情說愛，我們這些平常老百姓就只能在電視機前發呆、幻想、過乾癮嗎？所以導演和製作人們也學聰明了，電視劇裡面也得多一些所謂的『甘草』人物，來達到畫龍點睛的效果，而且我們觀衆看起來也覺得比較真實，所以學校裡面的老師都會不吝嗇的介紹優秀學生給製作單位或導演，所以奉勸在學就讀的學生們可得好好表現，跟老師保持良好的關係喔！不過如果你覺得懷才不遇，老師又不欣賞你，那也沒關

就是要賴在
I want to be
a superstar
演藝圈

係，不代表一生沒機會，機會還是有的，現在學校裡面非常流行『實習』，也是學校為了要讓學生多了解演藝圈的實際狀況，會安排學生到各單位去看看，其實這就是一個非常好的機會，如果你覺得自己真的很有料，那可得把握機會努力表現，要是被相中了，機會也就來了，更何況人紅了以後，臉都會不知不覺的變帥和變美，真不知道是為什麼，這一點留給艾力克來驗證，看我會不會變帥就知道了，如果沒有，那就表示他們一定有去整容！

版本三：演員訓練班。

這也是一個非常好玩的現象，演藝圈這三個字對於一般的平民老百姓實在是太具有吸引力了，紛紛想盡辦法要進這一行，也正因為如此，就給很多歹徒騙人的機會，報紙上也常出現許多想一圓摘星夢的少男少女被騙的新聞。我覺得比較保險的方式是加入各電視台舉辦的訓練班，尤其是演員訓練

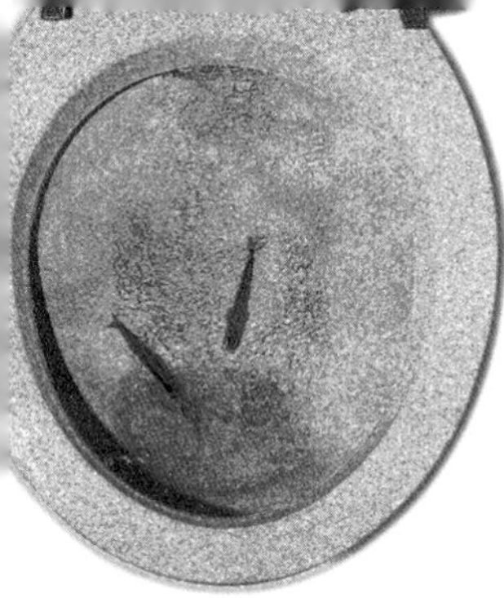

演藝圈

班，如果你真的條件很優，加入演員訓練班一定會有出線的機會，何況他們也是需要『活招牌』來打廣告，照理講一定會有所謂的保障名額，有興趣的就請加油！

談完了戲劇演員的部分，我們來說說綜藝節目的部分。綜藝節目的組成大致脫離不了主持人、歌手、藝人，歌手就不必再提了，我們先談談藝人部分好了，綜藝節目的藝人其實很有趣，大致有幾個來源，首先出現的是一些熟面孔的『職業藝人』，為什麼說他們是職業藝人呢？這些藝人是以上綜藝節目通告為主的藝人，他們沒有自己的節目，遊走各台的綜藝節目維生，內容包括有玩遊戲、恐怖箱、高空彈跳、吃噁心的東西、被潑水、被電等等，對了！還有當職業評審喔！反正只要能上的就卯起來上，一天如果能跑個幾場，收入也是相當可觀。

說起來這樣的藝人可是不好當喔！因為他們在被整的時候一定要有效

果，就是所謂的一哭～被電到或嚇到一定要哭，二鬧～要把場子幹的很熱，盡量的鬧，三上吊～不是真的要上吊，最好是能受點傷，比如說被火燒、被水嗆，這些可是都很有用的，一方面節目有效果，另外一方面又可以上報打知名度，真是一舉兩得。而且依據這些效果可以決定藝人的身價，記得不久以前報上登過所謂的『藝人價目表』，為了這個價目表，演藝圈可是刮了一陣不小的風暴，有的人覺得自己太便宜，有的人又否認自己有那麼貴，反正記者怎麼寫都不對，一個藝人上個通告值多少錢？恐怕只有天知、地知、製作人知、藝人知了，更何況還有所謂的『暗盤』呢！

那這些藝人是哪裡來的呢？其實大部分是唱片歌手的『退除役官兵』，反正唱片無法再出了，只好轉行換跑道，先餬口維生再說。只不過最近我覺得很奇怪，綜藝圈大哥大的節目老出現一些連艾力克都不認識的女孩子在玩遊戲，我實在是很納悶，想想我在這個圈子也不是三天兩天的，該認識的也都

演藝圈

認識，那些不知名女子是從何冒出來的呢？經過我多方打聽後才知道，原來他們都是所謂的『寫真女郎』，一群想圓摘星夢的天真女子，這就印證了艾力克寫這本書的目的：只要你願意人人都能成為明星，只是這些明星的等級有大小的不同罷了，不過行行出狀元，只要你肯脫，一定會紅！對不起！寫錯了，應該是只要你有夢一定會紅！

不過艾力克還是要告訴大家，對於這些藝人我們還是要致上最大的敬意，因為他們滿足了觀衆對於偷窺、變態、整人的欲望，沒有了他們，人生是多麼的無趣啊！下次看到他們不要報以怪異及不屑的眼光，請大家投以關愛的眼神，這樣他們會更努力的被整，啊！不是啦！他們會更努力的演出。

談完了藝人部分，現在輪到主持人部分了，其實大家對於主持人應該都很了解，不過大家對於所謂的一線、二線、三線的主持人該怎麼區分呢？

一般來說，綜藝界的大哥大、大姐大都是屬於一線主持人，在動物部分有天上飛的燕子，常因收視率而發脾氣的恐龍，賣奶茶的麒麟，植物部分就是瓜果類了，另外還有一位痞子，而二、三線部分的競爭就更加激烈了，不過無庸置疑的就是大家都想往一線擠，不過老將還在，所謂長江後浪推前浪，前浪倒在沙灘上，目前的後浪還不足以讓前浪倒在沙灘上，我看新人只好慢慢等，大概還得要四五年吧。至於這些人的酬勞那可真是嚇死人，前一陣子大家應該都從報紙上看到了，一小時的酬勞25萬，哇！！！只要一小時就可以入帳25萬，那我可要賺好久才賺得到。

近一兩年來，台灣的主持人部分刮起了所謂的『家族』風，最著名的應該是『鳥類家族』了。由於老鳥眼光獨到，所相中的小鳥個個身懷絕技，有的從水果類轉為鳥類，有的是本世紀最後國民美少女，有的喜歡戴牙套的妹妹，有的本人比電視好看，各種人才都有，而且遍佈演藝圈主持大大小小的

演藝圈

節目，普及率相當高，因此圈中藝人莫不希望早日『羽化』成鳥，飛上枝頭當鳳凰！

除了鳥類家族以外，最近『痞子家族』也很受矚目，除了鍾情於唱片，告訴大家有夢一定會紅以外，也很努力的網羅新人，最近很關心人家姊姊是不是住在市中心的那位先生也加入痞子家族，表現可圈可點，同時痞子對於國片也不遺餘力的推廣，不過以一個小時25萬的酬勞而言，即使賠了也會很快再賺回來啊！對不起，我又烏鴉嘴了，不過這也應驗了一句台灣諺語『生吃都沒有了，哪還能曬成乾呢？』（請以台語發音），有了多餘的錢才能做自己想做的事，只不過他想做的事需要很多錢而已。

說完幕前我們來說幕後了，電視圈幕前的大明星固然很多，但是真正人數衆多的是幕後的工作人員，而且這一群工作人員都很辛苦，是很可憐的一群，幕前的光鮮亮麗是絕對輪不到他們，只能日以繼夜、夜以繼日的努力工

作，大致上來說，幕後的工作人員大概可以分為以下幾種：**製作人**、**策劃**、**執行製作**、**企劃**、**助理以及導播**、**攝影師**、**成音**、**剪接師**、**助理**⋯⋯等等。

先來談談**製作助理**：電視小兵。這是一個非常辛苦的工作，舉凡所有有關電視節目製作過程的相關工作，他都得做，而且錢少、事多、可能離家又很遠，不過不經一番寒澈骨，焉得梅花撲鼻香。在這個工作先打好底，日後才能一步步往上爬。

執行製作：這個位置也好不到哪裡去，大部分是從助理升上來的，也是大部分的工作都得做，比較偏向硬體部分，舉凡錄影時要用的道具、佈景、攝影棚通告、出外景等等都要在錄影前搞定，錄影時如有臨時狀況發生，需要臨時道具也得馬上生出來，耐力體力超人一等，同時錄完影之後還要負責後製部份，整個節目的完成都要經手，要很細心、頭腦很清楚才行。

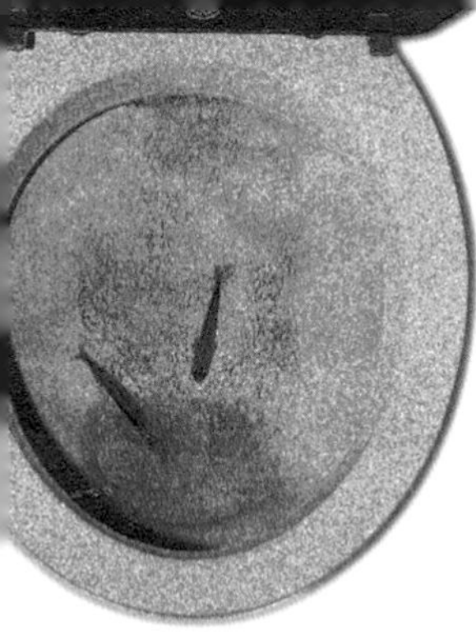

演藝圈

企劃：主要是負責節目軟體部分。一個節目的內容主要是由我們偉大的企劃所完成，因此一個企劃要具備豐富的常識，充滿想像力，完全掌握流行資訊，而且要妙筆生花，能想出別人想不到的內容，例如喝尿、吃屎、吃昆蟲、高空彈跳、電人等等，反正別人家的小孩死不完，先寫出來再說。

策劃：僅次於製作人之下的一個職位。他是製作人的左右手，統籌節目之硬體及軟體兩部分，除了要與製作人一同規劃節目內容之外，還要與底下的工作同仁密切溝通，掌握節目內容進度及品質，是相當重要的一個職位。我覺得一個節目的好壞，除了製作人之外，策劃要負起相當大的責任，而製作人如能有一個優秀的策劃人，那日子可就輕鬆許多了。不過因為策劃統籌了一個製作小組，在分工的原則之下，如果不是很有責任心，往往會被人批評為錢多、事少、責任輕。想要賴在演藝圈，這可是一個相當好混的位置。

我想**製作人**的工作內容就不需要多說了，但是製作人除了節目內容的規

就是要賴在
I want to be
a superstar
演藝圈

劃之外，還有非常重要的工作就是面對媒體，雖然說節目本身就是媒體，但是一個節目受不受歡迎，除了節目內容非常重要之外，對於媒體的運用非常重要，要製造什麼樣的話題、何時該上報、如何與電視台維持良好關係，都非製作人細心安排不可。不過有些新入行的菜鳥總覺得製作人很輕鬆，大小事情策劃都已經是一手包辦了，只要錄影時露露面而已，其實那可大錯特錯了，製作人心理所受的壓力及煎熬可非一般人所能承受的。

✿電視新聞、報紙、廣告業

這三個行業要介紹起來可也是成書成冊，但是大致上來說，比較具演藝圈色彩的應該要算是新聞主播了。新聞主播有一定的公信力存在，給人的感覺非常的專業、權威。有線電視新聞專業台的成立，更是塑造了許多明星主播，除了播報新聞的收入以外，明星主播也是廣告商最中意的廣告代言人，

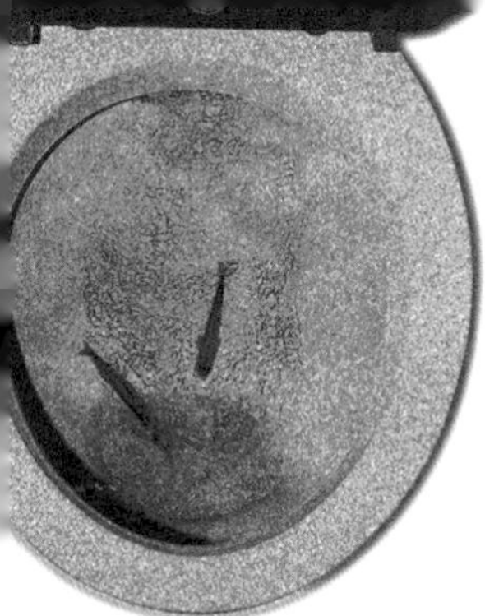

演藝圈

林林總總東加西加的，收入也是相當可觀，另外表現優異、具有明星魅力的主播更是各電視台挖角的對象，猶如財神爺般，對於收視不振的新聞好像有起死回生的功效。那麼到底具備什麼樣的條件可以成為電視新聞主播呢？

一般的人會以為新聞記者或主播必須要是新聞相關科系畢業的，然而事實上並非如此，在現在的新聞環境當中，由於分工的專業化，我們要求記者必須學有專精，例如跑政治線的記者最好能是政治系畢業的，而跑法律的記者最好是法律系畢業的，以此類推了，因為在許多專業議題上，科班畢業的記者比較容易進入狀況，對於專有名詞及專業知識比一般人更加了解，跑起新聞來也容易多了，相較於新聞科系畢業的學生來說，由於只對於新聞的專業處理手法及新聞流程較為了解，跑起專業新聞來反而比較不佔優勢。所以現在的新聞相關科系的學生也多修一些輔系的課程來提升競爭力。

網路上也傳過許多有關於新聞主播的笑話，譬如說有一位女性主播就顯

就是要賴在
I want to be a superstar.
演藝圈

得很不專業，由於她當主播已經很久了，也有一段時間沒有跑新聞了，有一天她心血來潮，想去跑跑新聞，剛好有一件凶殺案發生，於是她一秉以往的專業精神，以最快的速度趕到凶案現場，立刻準備好了麥克風，展開她的採訪，在相關工作人員做完了簡報之後，開放記者發問，於是她不落人後的立刻提出問題：「請問局長，這件凶殺案是不是有他殺的嫌疑？」話語一出立刻全場大笑。

其實從事新聞工作有很多相關利益的。我們常會用『文化流氓』、『無冕王』來形容記者，不過那是從前，現在資訊這麼發達，一般民眾民智大開，再也不會忍氣吞聲的任記者胡寫，所以現在有很多的『讀者投書』或是新聞節目的Call in可以讓民眾發表意見，另外現在的記者專業知識也都相當足夠，胡搞瞎搞的情況已經不復見了，那麼新聞記者還有什麼好處呢？好處可多著喔！由於現在的新聞分了很多線，因此記者還是在專業議題上享有很優異的

演藝圈

地位，而且大家一聽到記者還是都非常尊敬的，既然尊敬，那麼辦起事來也就方便許多，這跟公衆人物其實是沒有什麼分別的，例如：跑汽車線的記者買車一定比較便宜，這樣說大家應該都「ㄌㄧˇㄠ」了吧！

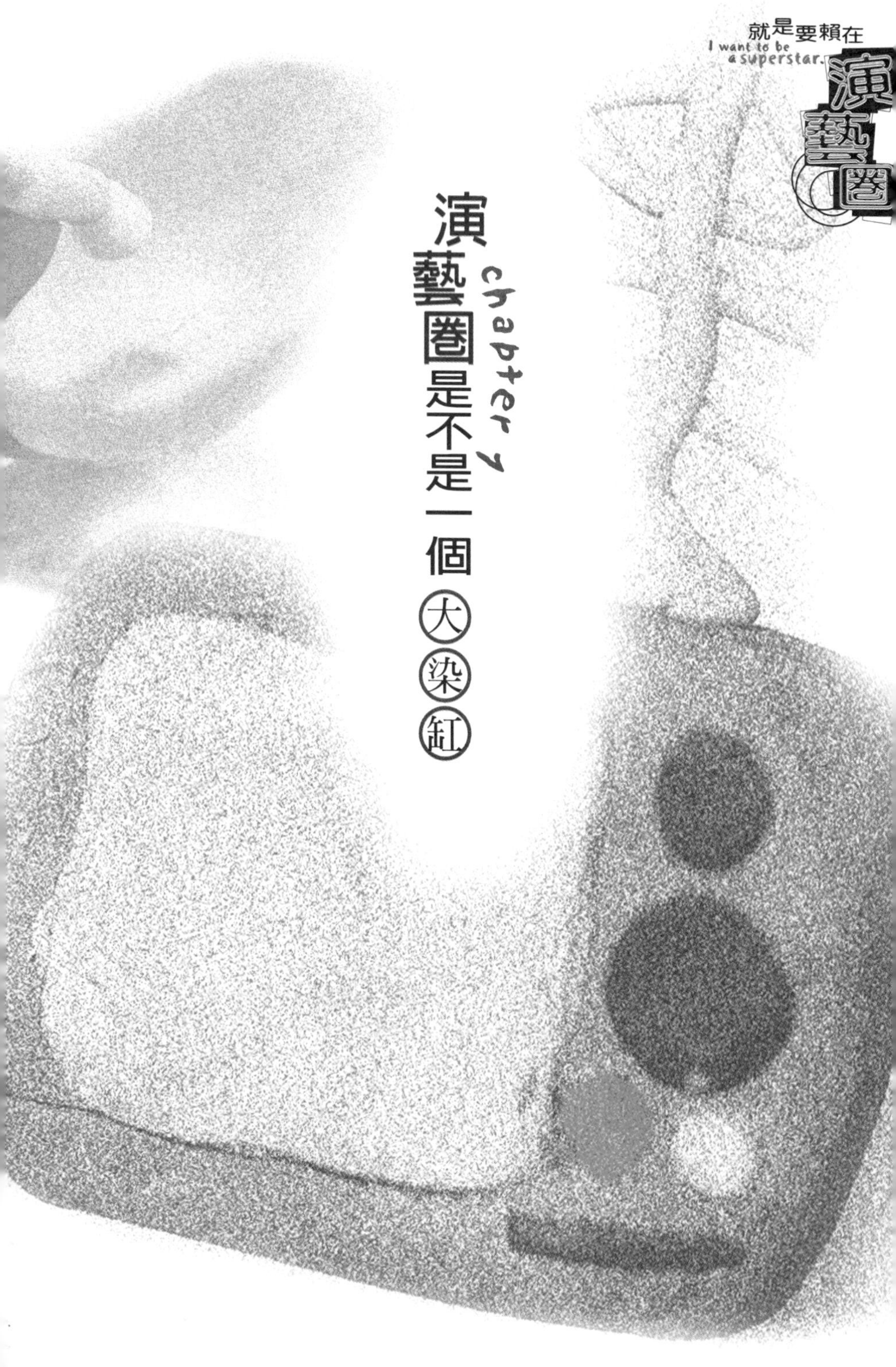
就是要賴在
I want to be a superstar.
演藝圈
演藝圈是不是一個大染缸
chapter 7

對於一般的平民老百姓來說，印象當中的演藝圈好像是個大染缸。如果有親戚朋友在演藝圈工作，鄰居們除了投以羨慕的眼光之外，好像當你轉身之後閒言閒語就接踵而來。那麼到底什麼是大染缸呢？實況轉播我和我媽的一段對話，就可以窺知一二。

「熊ㄟ（我的台語名字），我跟你講喔，你要注意，在演藝圈工作不要被騙了還不知道。」

「媽，無緣無故，人家是為何要騙我？」

「你都不知道，你們演藝圈最黑了，老是愛騙人，不注意是會被騙得很慘的。」

「媽，我又不是女的，不會被騙啦，更何況我也沒什麼好騙。」

「還有，你不要去跟人家賭博喔，到時候輸錢你就糟了，你們演藝圈最愛賭博了！」

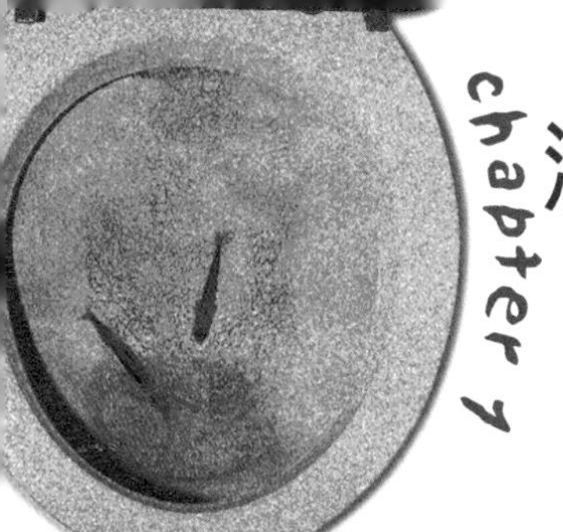

chapter 7 演藝圈是不是一個大染缸

「媽！是要賭什麼博，我賺的錢生吃都不夠了，哪還有錢賭博？」

「沒有就好！還有喔：你不要隨便跟人家去那種不三不四的地方，認識一些不三不四的人。」

「媽！我每天工作那麼忙，睡覺都不夠，哪有時間去什麼不三不四的地方啊？」

「沒有就好，我是擔心你，怕你被騙了還不知道，到時候我是沒法度幫你，注意一點比較好。」

以上這一段對話幾乎是我每次回家的時候都會發生的，剛開始的時候真的很煩，因為覺得自己好像被當成是一個白痴，不過這也反應出一般人對於演藝圈的誤解，我們不能否認每一個行業都有害群之馬，在很久很久以前，演藝圈流傳很多的謠言，比如說女星為了要獲得某些角色而跟製作人或導演

上床，而有些藝人也利用其知名度騙財騙色，或是有些藝人一夕之間輸了幾千萬，這些我不敢說沒有，民間的八卦雜誌繪聲繪影報導得很詳細，俗話說「好事不出門，壞事傳千里」，媒體利用民眾對於演藝圈的好奇，一點芝麻老鼠屎的小事往往就變成了大新聞，藝人也是人，他們所會犯的錯誤一般老百姓也會，只不過因為藝人的身份特殊，比較容易成為注意的焦點罷了。

演藝人員的工作看起來輕鬆，事實上卻不然。一般人以為把唱歌、跳舞、演戲當成工作，應該是不會有什麼壓力才對，事實上，壓力相當大呢！藝人除了關心自己的演出有沒有符合水準之外，還得擔心自己受不受歡迎，即使紅了也得擔心會紅多久，那種壓力之大是一般人所難以體會的，用「人前笑，人後哭」來形容是一點也不為過。在這麼大的工作壓力之下，又不能和一般人有相同的休閒生活，可想而知生活是有多麼苦悶，比較沒有自制力

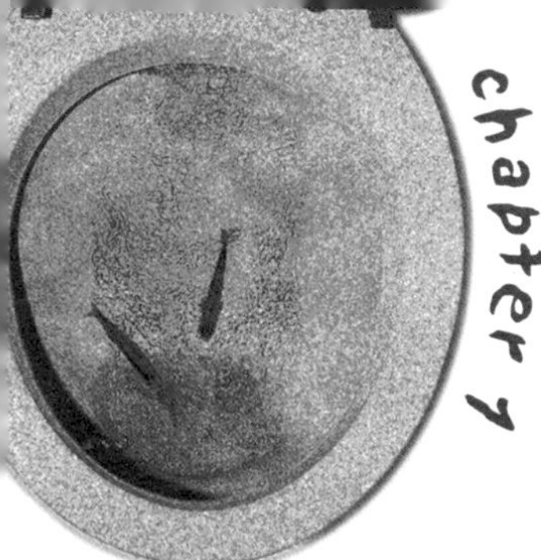

chapter 7 演藝圈是不是一個大染缸

的人就容易酗酒，或是從事一些比較刺激的活動，例如賭博，不過那真的只是少數，想想看藝人的工作那麼忙，時間就是金錢，與其花時間在不良的休閒上，不如花同樣的時間來賺錢。

我可以透露一個小八卦給大家，其實藝人最愛的休閒場所在床上，可別想歪了，有空的時候，藝人們會把握時間睡美容覺，除了補充平常不夠的睡眠之外，尤其對皮膚保養又有幫助，有時間當然要努力的睡了。

至於從事幕後的工作人員就更乏善可陳了，平時工作上的忙碌就別說了，下了班的休閒娛樂更是屈指可數，不是到ＫＴＶ去唱歌，就是到熟悉的咖啡廳或是小酒館去坐坐，如果有殺手要暗殺從事傳播工作的人，那是再容易也不過了，能去的地方用五根手指頭都數得出來。因此，從事傳播工作的人生活其實很單純，雖然有人真的在這個圈子墮落了，但是單純的人仍舊居多。

就是要賴在
I want to be a superstar.
演藝圈
chapter 2
為什麼要賴在演藝圈

認識了演藝圈的概況之後，我們要開始進入本書的重點部分了，到底演藝圈有什麼魅力讓許許多多的人前仆後繼的加入呢？

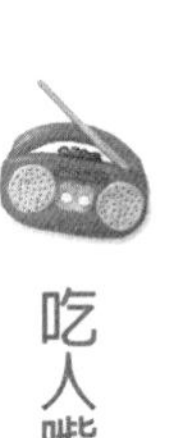

吃人嘴不軟　拿人手不短

是的，在演藝圈工作就是有這個好處，我們就是有拿不完的贈品，而且這些贈品可是一般平民老百姓費盡九牛二虎之力，花費數不清的銀兩才買得到的，到底有哪些贈品呢？聽我慢慢道來：首先是拿不完免錢的CD。對一個從事電台主持工作的人來說，我們是不需要花錢買CD的，不僅不需要花錢買，而且我們還會比一般人提早拿到，想想看，你一個月大概要花多少錢買這些歌手的CD跟卡帶呢？根據估算，前一陣子台灣一個月大概會發行30張以上的專輯，以一片CD300元來計算，每一張專輯都買的話，大概要花9000塊，一年下來就要花108000塊，我的老天爺啊！這實在是太可怕了，不過算

chapter 2 為什麼要賴在

起來我可就開心了，想到一年可以省那麼多錢能不開心嗎？

除了CD之外，好處可真多的說不完喔！不知道從何時開始，歌手發片的時候都會多了很多相關的附屬產品，在我印象當中，我拿過鴨子玩偶、香水、吉他、手帕、毛巾、滑鼠墊、馬克杯、筆筒、相框、紀念衣服等等好多好多東西，這些東西可不是一般人可以拿得到的，通常你必須要參加「摳印」或者「非克斯印」，而被抽中的機率可真是小之又小，拿得到算是你祖上有德，但是對於我們來說，就猶如甕中捉鱉、探囊取物一般的容易，羨慕吧！

不要以為這樣就沒有了，最令愛看電影的人羨慕的是，我們看電影大都不需要花錢，現在每一樣東西競爭都非常厲害，電影當然也不例外，所以現在電影公司都會招待從事演藝圈工作的人去看所謂的「口碑場」，所以只要有新電影要上映的時候，我們都會拿到招待券，或者是到電影公司的試片室去觀賞，不僅比別人早看，而且人又少，說多好就有多好，很有VIP的感覺呢！

五湖四海交友廣闊

在演藝圈工作就好像在「江湖」當中行走，由於這個行業的周邊工作實在很多，所以必須要接觸形形色色、各式各樣的人。剛開始入行的菜鳥們可能會窮於應付每天要認識的新面孔，所以說真的，如果你的個性是閉月羞花、小家碧玉型的小姐，或者是手無縛雞之力的書生，那真的勸你不要來，因為你的低聲細語、文弱形象可能會引起江湖中弟兄的不悅，相對的，如果你的個性海派，四海之內皆兄弟的話，那真是太恭喜你了，另外最好不論男女都能千杯不醉，這樣工作做來真的是方便了許多。很多事情喝酒的時候就能搞定，可說一舉兩得。

在我們這一行工作最痛恨的就是婆婆媽媽的人，大致上來說，演藝圈的工作是不能慢慢來的，時間對我們來說非常的重要，很多時候必須要當機立斷，只要稍有遲疑都會有意想不到的後果。除此之外，還有一點非常重要，

chapter 2 為什麼要賴在

就是必須能獨當一面，說起來幹這一行的人忙起來的時候還真要人命，所以你不用奢望別人可以幫你，再多的人脈，有時還是得一個人完成。

在演藝圈中流行一句話「做人比做事重要」，所以你會發現，演藝圈裏面有些人什麼都不會，但是職位卻很不賴，這可能有兩個原因：一是他有一張厲害的嘴巴，二是他有不錯的人脈。

和大明星交朋友

俗話說「風水輪流轉」，當你還是一個老百姓的時候，你一定想不到你會和每天在電視上看到的大明星成為好朋友。大明星也是人，當然也需要朋友，在演藝圈工作，無可避免的你必須和明星接觸，至於能不能成為好朋友，那也得看命運的安排和自己的造化。

不論是不是在演藝圈工作，相信每個人心裡面多少會有幾個偶像。還記

得當初我高中畢業沒考上大學在餐廳打工的時候，有一天在餐廳裏遇到了發第一張專輯「激情過後」的張清芳，那個時候的我內心可真是波濤洶湧，當我幫她倒開水時，我簡直就快昏倒了，那可是我第一次這麼近距離跟明星接觸，忍不住要多看好幾眼，而且服務得特別勤快，開水也比平常多倒了好幾杯，之後的好幾個禮拜我都還會告訴我的朋友，我「親眼」看到了張清芳這件事，彷彿這是一件相當了不得的事，那個時候我壓根兒沒想到我現在會是一個電視製作人和電台主持人，想了一想那也是十多年前的事了。

在念世新廣電科的時候，建恆是我的同班同學，他出道得早，專科二年級時就已經在中廣青春網實習，所以建恆比其他同學還要早接觸藝人，自然而然的他也結交了好多藝人朋友，那個時候我和其他同學都羨慕得要死，時至今日，建恆的好朋友也變成了我的好朋友，世事真是難以預料。

至於為什麼要和藝人交朋友呢？剛開始的時候純粹是「虛榮心」作祟，

chapter 2

為什麼要賴在

十多年前，那個時候小虎隊正紅，除了小虎隊以外，佼佼、我和建恆是同科系的同學，我不認識佼佼和爾金，但是卻也忘記如何和佩君成為好朋友，我和這些同學經常一起出去玩，那時候佩君很紅，每次出遊的時候，都會有好多人找她簽名，而我也與有榮焉，因為她是我的朋友。時光飛逝，歲月如梭，佩君也急流勇退的離開了電視圈，現在從事廣告業，偶爾還可以在某「四物雞精」的廣告中看到她。

和藝人交朋友的確很令人羨慕，但要抱著平常心，不要有太高的期望和幻想，因為你會發現他們也會挖鼻孔、上廁所，同樣也有拉屎的時候，最重要的是要抱著一顆真誠的心，畢竟交朋友是一輩子的事，而且可遇不可求，更何況你所交往的這位朋友是人人喜愛的大明星。

彈性的工作時間

「朝九晚五」對於從事傳播工作的人來說簡直是天方夜譚。說到工作時間的問題真不知道是喜還是憂，剛開始入行的時候真的是菜鳥一隻，所以很多事情自然會落到身上，常常早出晚歸，用「錢少、事多、離家遠」來形容一點也不為過。

不是從事傳播工作的人真的很難搞清楚為什麼會這麼忙，有時忙到連星期假日都沒有，歸究其原因其實是因為這個工作是採取所謂的「責任制」，責任制聽起來好像不錯，事實上很恐怖，也就是份內的工作在規定的時間內一定要完成，所以如果你做的是帶狀的電視節目，除了每週固定的一次或兩次錄影之外，還得負責後製的工作，於是每天的工作都排滿滿的，再加上後製時間是很難搶的，搶不到早中班，就得要做晚班或大夜班，隔天要我們一大早起床簡直是「阿婆生小孩－很拚」，但是如果遇到緊急狀況，一天一夜不睡

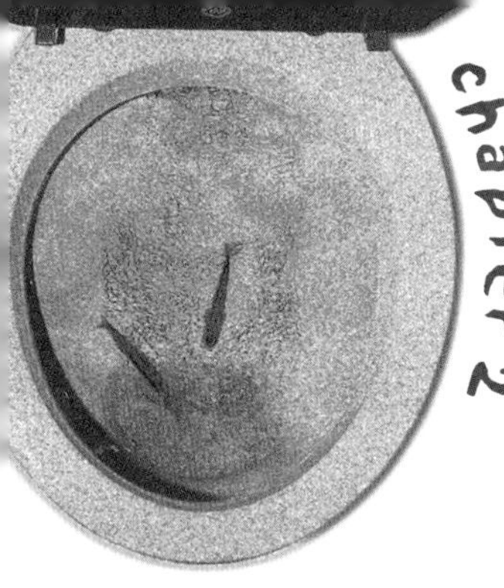

chapter 2 為什麼要賴在

覺，那可是稀鬆平常的事，所以習慣晚睡的夜貓一族朋友實在非常適合這一行。

看到這裡是不是對於這個工作已經完全失去興趣了？其實每一個工作都一樣，當你還是菜鳥時就得多做一點，等到成了千年老妖以後日子就輕鬆了。責任制的工作時間也是有它的好處，我認為傳播的工作對於訓練一個人的獨立性有很大的幫助，而且這個工作分秒必爭，既然是責任制，如果能在最短的時間內把自己份內的工作完成，就會多出許多的時間，我們常常會在上班時間看到有些人在街上閒逛或咖啡廳中喝咖啡聊是非，其中十之八九都是從事傳播業的，這也是這個行業的迷人之處。

記得在我「熬成婆」的那一天，我的內心真的是充滿了無比的喜悅，我帶著我的工作人員在咖啡廳喝下午茶、討論著節目內容，望著玻璃窗外燦爛

就是要賴在
I want to be a superstar.
演藝圈

的陽光，那個時候我真的覺得世界好美。我想很多傳播從業人員一直努力的堅持在自己的工作崗位上，等的也是「熬成婆」的那一天吧！

便當情結

在演藝圈中「吃」絕對不是個問題。

由於交友廣闊，認識的朋友衆多，再加上「業務」的需要，我們常常要和「客戶」「交際應酬」一下，因此舉凡什麼山珍海味、奇珍異饈幾乎都品嚐過了，如果製作的節目又剛好是跟美食相關，那可是每天吃香的、喝辣的。其實不只是做電視節目如此，現在很多媒體都對美食情有獨鍾，比如說廣播，照理說吃的東西首重視覺，然而現在的廣播節目也流行做美食，這也無可厚非，廣播節目多了很多想像空間，好不好吃、美不美完全靠自己想像，美食在每個人的心目中的想像各不相同，這倒也行得通。除了電視、廣播以外，最近幾年又多了很多美食雜誌，報導詳細、圖片又精美，真的吸引了不少讀者爭相閱讀，也就是說從事電子或平面媒體的從業人員是相當有口福的，在採訪的同時，老闆會毫不吝嗇的請你大吃一頓。

其實幹這一行最常吃的還是便當。一天可以吃幾個便當呢？大概三個，午餐一個，晚餐一個，晚上做後製肚子餓的時候再吃晚餐剩下的，所以總共三個。而這些便當的內容可說是包羅萬象，有台式、日式、港式、韓式…等等，有飯也有麵，如果你最愛吃便當，而且蒐集了各式各樣的便當名片，識別便當的能力足以去日本參加電視冠軍，那求求你一定要來傳播圈工作，我們實在太需要你了。東西吃久了一定會膩，如果要你餐餐吃便當，連吃三天而且是同一家，相信第四天便當在五十公尺外漸漸靠近時，你就會開始頭昏目眩並且嘔吐不已。

通常訂便當是製作助理的工作，所以一個製作助理除了必須把份內工作

就是要賴在
I want to be
a superstar
演藝圈

做好以外，會不會訂便當那就得看師傅教得好不好了。訂便當可是一門學問，千萬別小看它。通常錄影需要花掉一整天的時間，因此助理除了盯棚及道具佈景之外，最重要的一件事就是訂午餐，通常會以攝影棚附近的自助餐為主，所有的工作人員吃飽了才能工作，因為是第一餐，所以多半不會有人抱怨，第二餐的時候（也就是晚餐）就得小心了，比較沒有經驗的人為了方便起見，於是就訂了同一家，這時候事情就大條了，有人會開始幹譙，吃飯皇帝大，吃飽了才有力氣工作，其實只要罩子放亮點，這個工作是不算太難做的，有上進心的助理應該懂這個道理。

八卦　八卦　我牽掛

影劇新聞人人愛看，八卦消息人人愛聽。

大地頻道的「非常娛樂」以及ＴＶＢＳ的「娛樂新聞」差不多在同時間

chapter 2 為什麼要賴在演藝圈

開播，經過一段時間的開疆闢土之後，對電視娛樂生態的影響非常深遠，連帶影響觀衆的口味也愈來愈重，現在連四家無線電視台也開始播放娛樂新聞，這個圈子的是非本來就多，再加上大家對於藝人的一舉一動特別好奇，所以娛樂新聞獨領風騷的情形應該會再持續一段時間。其實大家都知道，這個圈子是沒有秘密的，任何藝人稍有風吹草動，不用一會兒功夫立刻就會傳入大家耳中，而且每個人嘴巴一定會說「我跟你講，你不要跟別人講喔！」

如果你平常就喜歡道人長短，一天不論別人是非就食不下嚥，那你真的是百分之百的傳播人。在這個圈子工作，保證你得到的八卦都是第一手消息，至於可信度如何恐怕就得靠實際經驗累積去做判斷了，不過根據我個人的經驗，可信度的高低還得看消息來源而定，有些人說的話其實你是可以充耳不聞的。

千萬不要以為只有幕前的藝人有八卦，在這個圈子每個人都有可能成為八卦的主角，說八卦其實還算好聽，講明一點就是造謠，謠言有好有壞，最常傳的就是跳槽了，這個殺傷力可達百分之九十，你主管對你的信任度會完全降到零，遇到這種情形可得小心處理，否則前途將暫時失去光明。

雖然生活在這個圈子有許多八卦緋聞，可能會為忙碌煩雜的工作帶來一些樂趣，不過謠言止於智者，大家依然記得白曉燕事件吧！當時幾乎圈內人早就都知道，不過我周遭的人均異常的乖，連家人都沒透露，怎奈一鍋粥裏面還是會有幾顆老鼠屎，悲劇還是發生了，但是這種事畢竟還是少數，有趣的八卦還是居多啦！

令人羨慕的工作

chapter 2

為什麼要賴在 

隔行如隔山，你永遠不瞭解另外一個行業到底在做些什麼？而演藝圈這個行業更是撲朔迷離。由於最近演唱會風氣在台灣非常盛行，歌手走透透的情況也非常普遍，一到星期假日，到處可以看到歌手的簽唱會或大型演唱會，於是大家接觸演藝工作的機會也就越來越多，對於這個工作也越來越好奇。

不過一般人對於傳播工作從業人員的印象是「很兇」，有去看過電視錄影的人應該瞭解，他們很喜歡大聲喊來喊去，嗓門大得不得了，顯得很威風、很臭屁，但卻又很吸引人，所以很多人羨慕這個工作。羨慕的原因不外是高薪、可以在歌手活動中來去自如、可以獲得最新的歌手訊息、感覺很高尚……等等。

身為一個工作人員當然得在活動場合中來來去去的指揮，不過有些人真的很有魅力，至於獲得最新歌手或娛樂訊息更是理所當然，而高尚部份則就

就是要賴在
I want to be a superstar.
演藝圈

見仁見智了。除了幕前的藝人之外，幕後工作人員的待遇都不會太高，失望了吧！前面我們也聊過了，做這一行的人常說自已是錢少、事多、離家又遠，以目前一般的行情來說，完全沒有經驗的助理大概可以拿到一萬八仟元，說真的，這一行的待遇完全依照個人能力而定，而且每個人的薪水都是祕密，千萬別去探別人的底，而薪水的高低跟會不會「談」有很大的關係，相同職位的人，會談的跟不會談的可以差到一兩萬以上，這跟工作能力不一定有關係，跟嘴巴的關係可就大了，如果你能說得天花亂墜，高薪的機率就大了點，像艾力克就是屬於那種不會談的，總覺得談錢好俗氣，只要不比以前低，我都可以接受，因為我要讓大家知道我是便宜又好用。至於能不能拿到好薪水，也得看造化，有過好的作品，薪水自然就比較好談，如果你是抱著撈錢的心態進這一行，那真的得三思而後行。

chapter 2

為什麼要賴在演藝圈

小開　跑車　貴婦人

相信這個理由會讓婦女同胞抱持高度的興趣。我們常在報章雜誌上看到某位女星和某企業家第二代或政要之後過從甚密，姑且不論是八卦或事實，演藝圈當中的確有很多女星和上述那些人物結為連理，雖然不能說是飛上枝頭變鳳凰，但至少也是嫁進豪門，原因是為什麼呢？還不是因為公眾人物有較多機會接近這些權貴人物。其實以一個知名女星的收入來說已經令人羨慕了，再加上與權貴子弟成婚可說是富上加富，而且高興的話還可以退出演藝圈安心做個貴婦人，如果覺得無聊還可以出來客串過過戲癮，好處都佔盡了。事實上這也是可遇不可求啦！不過機率可比一般平民老百姓大多了。

經過艾力克的明察暗訪、綜合歸納，我幫大家找出最容易成為貴婦人的幕前工作，那就是當財經主播。說實在的，我以前對於財經一點都不懂也沒有興趣，不過由於老天爺的安排，我跟了一位檯面上非常受歡迎的女主播製

就是要賴在
I want to be
a superstar.
演藝圈

作財經節目，後來我發現當一個財經節目女主播可真是一個好得不得了的工作，不過前提是妳也得頗具姿色才行喔，當個頗具姿色的財經女主播除了可以深入了解國內外財經狀況，好好的理財一番之外，同時可以藉由專訪財經業界大老、小開，很容易就嫁入豪門了呢！

其實不只是幕前的藝人有機會，幕後工作人員也有成功的案例。為什麼幕後的工作人員也會成功呢？這種案例大多發生在藝人的助理或歌手宣傳身上比較多，記者、主播及電視人也有很多紀錄，以藝人助理及歌手宣傳來說，為什麼他們可以打敗知名度高、漂亮又好身材的藝人呢？歸究其原因是所謂的日久生情，事實上那些企業家及權貴子弟原本是真的要追藝人的，但是藝人本身就忙，大小事情都交給助理或宣傳處理，久而久之就和那些人日久生情，進一步就發生戀情，再接著就嫁入豪門了。而記者和主播則是藉採訪之便而飛上枝頭，反而男藝人在這方面就顯得遜多了，很少聽說男藝人和

chapter 2 為什麼要賴在演藝圈

富家千金結婚的。

如果你真的頗具姿色，又想當貴婦人，每天沒事逛逛街、喝喝下午茶、到珠寶店和其他貴婦人聊聊天，那進演藝圈真的比較有機會，不過這裏有一句話艾力克必須要拿出來與大家共勉，那就是「嫁入侯門深似海」，有錢人家規矩也多，有利必有弊，請姊姊妹妹們深思。

天天相見　時時「開會」

傳播圈萬萬會。不知道為什麼，從事傳播演藝工作的人特別愛開會，我記得最高的紀錄是曾經一天開過六次會，這是傳播圈無法避免的現象，在這個圈子工作有很多單位必須要接觸，要跟很多不認識的人合作，在這種情況下開會以取得共識變得理所當然，如果不召開會議，到時候一定會有很多臨時狀況產生，為了避免無謂的浪費時間，會議是絕對必要的，也許你會認為

就是要賴在
I want to be a superstar.
演藝圈

開會沒什麼，我也覺得沒什麼，只不過演藝圈的會顯得特別難開，常常十點的會議，等到會議結束時都已經是下午了，最令人洩氣的是經常做不出任何結論。

大致上來說，傳播圈的會議可以分為幾類，首先是**協調會議**，也就是前面所說的跟各單位作協調以期工作順利。基本上這種會議比較容易，只要各單位人員到齊，了解溝通協調事件的關鍵所在，達成共識之後就算完成，而這種會議是很必要的，同時可以認識不同單位的人，累積不少的人脈，通常這種會議會發生在開新節目的時候。

第二種會議是所謂的**公司固定會議**，也就是每個公司固定會選擇一天開主管會議，我個人認為這種會議最無聊，這個圈子謠言八卦最多，很多事情其實不用開會就大家都知道了，所以開那種會顯得很浪費時間，不過公司有公司的規定，這種會議似乎是免不了的，我倒是認為沒什麼大事的時候不妨

chapter 2 為什麼要賴在

以書面通知各單位就可以了。

還有一種會議也是無可避免的，那就是**節目會議**，這種會議主要是為了節目內容及錄影而召開，我認為這種會非常重要，而且它不限時間及場所，一組工作人員聚在一起，隨便哪裡就可以開始了。作傳播的人搞的是創意，太正式及嚴肅的會議場所是有礙創意的發想，記得以前在大地頻道上班的時候，我和我的工作人員一點都不喜歡在會議室開會，尤其會議室的燈光最令人無法忍受，又白又亮，不到三分鐘所有的人就進入昏迷狀態非常沒有效率，不過這也得視主管而定，有些主管很嚴肅，他可能會要求在會議室開，我則最喜歡在樓梯間開了，在大樓裡面大家都喜歡搭電梯，樓梯反而比較少人用，所以拿著飲料帶著資料，一夥人在樓梯間就可開起會了，很方便講話也可以很大聲；如果你的主管很慷慨，他也很可能帶著大家到咖啡廳或是泡沫紅茶店去開，我倒是覺得貴了一點，而且如果公司有事情又得匆忙回去，所以還是樓梯間比較好。另外一種比較輕鬆的會議就是和配合單位開會了，比如說唱片公司，因為通常唱片公司會選擇在咖啡廳或其他餐廳開會，環境優美氣氛佳，而且通常他們都會買單，我最喜歡開這種會了。

就因為作傳播的人會特別多，因此會有一些開會文化，這些也因公司文化而有所不同，不過如果你是一個非常喜歡開會的人，那從事傳播業再適合也不過了，只不過我又要提醒大家，一個會議最好不要超過一個半小時，否則只是浪費時間而已。另外最好的開會時間是下午一點鐘開始，太早或太晚都有反效果，太早起不來，太晚又有約會，下午開會也比較符合傳播人的生理時鐘，腦筋也比較清楚。

有機會成為藝人

「十年風水輪流轉」來形容演藝圈這個行業再貼切也不過了。有很多藝人

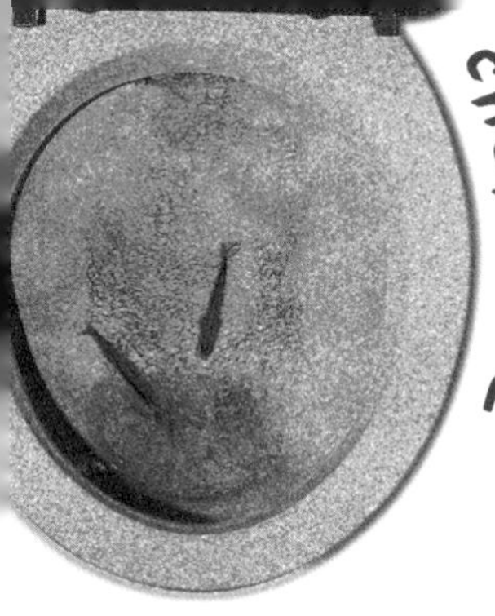

chapter 2 為什麼要賴在

他們是從幕後走到幕前，有相當多的人對於幕前的工作十分有興趣，但是總不得其門而入，而很多人也因為想當藝人而受騙，我覺得先進傳播圈當幕後工作人員是不錯的選擇，有的藝人是莫名其妙地當了藝人，可能是在街上走被星探發現，也可能是運用各種不同的管道成名，或是自己掏腰包花錢，不過不是每一個人都適合吃這行飯的，更可怕的是當了藝人以後是很難回頭的，尤其是知名度打開以後，要再走回頭路當個普通的上班族更是不可能。

因此，進演藝圈從幕後開始是一個很好的試驗，你可以在做幕後的時候仔細觀察，看看藝人的生活適不適合你，在演藝圈工作可以看得更深遠，你看到的將不再只是明星光鮮的一面，你會看到他們是如何趕通告，如何在星海浮沉，紅的時候如何待人，不紅的時候又如何自處，當你身處在其中的時候可以領悟得更快，等到你覺得你真的很合適這個圈子的時候再努力往幕前發展，這樣子應該星路會走得更順，自己也會更有目標，當然由於已經在這個

圈子工作了，因此對於如何成為一個藝人的管道也比一般人清楚，也就不會花冤枉錢被騙了。

科班出身

演藝圈工作的人有五六成左右是傳播科系畢業的。如果你真的對於傳播業有興趣，那選填志願的時候可別忽略了，事實上並非科班出身的人才可以進這一行，只不過科班畢業的人比較了解這個行業的工作流程，比較快進入狀況，但這不並代表非科班畢業的人不能從事這一行。根據我多年的觀察，傳播科系畢業的人學得很快，也許有人會問：「不是科班畢業的嗎？怎麼還要學？」開玩笑，當然還得學，學校教的和在社會上工作真正所要用的還是有很大的差距。

由於在學校裏已經接受過基本的訓練，因此真正投入工作崗位之後，進

chapter 2 為什麼要賴在

步的速度十分驚人，資質較優的，三個月內就會成為好手，資質較差的半年之內也會成為一條好漢，不過科班出身的也是會有缺點的，那就是習慣於制式的想法，容易流於形式缺乏創意，還有，在傳播圈中同一學校畢業的人都比較會彼此照顧。我記得我剛從學校畢業投入傳播工作的時候，遇到很多學長學姊，他們都十分照顧我給過我很大幫助，所以現在的我遇到自己學校的學弟妹也會對他們多關照一些，我心中一直記著一句話：「受人點滴，泉湧以報」。相信每一個人遇到自己的學弟妹也會有同樣的心態，那種感覺就好像你又回到了學校一樣。

十幾年以前，那個時候的傳播人大都是科班畢業居多，不過現在可不同了，許多非傳播科系畢業的人也紛紛投入這個行業，剛開始的時候可能會辛苦一點，因為可能不知道如何使用相關的機器，對於工作流程也不是很了解，所以一開始的時候必須要歷經一段陣痛期，不過我發現非科班畢業的人

比較具有創意，可能是因為不受傳統束縛的限制吧！他們天馬行空的想法，往往會帶來難以想像的好點子。無論你是不是科班畢業，進了這一行以後都得努力，所謂「師傅領進門，修行在個人」，即使一樣是科班畢業的人，在同一時間進入傳播圈後，努力的跟不努力的人，經過一段時間之後，功力可是會差了很多。而不是科班畢業的人也別擔心，入行以後比科班畢業的人多花一點心思，有空的時候多學一些相關課程，很快就可以追上甚至超越科班畢業的，圈中很多優秀的前輩也都是非科班畢業的喔，只要肯努力，每個人的機會都是平等的。

喜歡罵人

看到這個理由你可能會覺得莫名其妙，其實一點也不，這個行業愛罵人的人其實很多，不僅是主管罵工作人員，有時候連去看錄影的人也都會被

chapter 2 為什麼要賴在

罵，最著名的要算是一家位於延吉街的傳播公司了，那家公司很有名、製作過很多著名的節目，聽說在那個公司上班很恐怖，主管是超會罵人的，而且是當著衆人面前罵，絕對不會給你留面子的，這個艾力克曾經領教過，我倒是沒在那家公司上過班，但是我曾遇過一位在那裡上過班的主管，那個時候我剛到大地頻道上班，全公司沒有一個人是不怕她的，她罵人的功夫可是一絕，我想她一定常在家裏練習，不論你是男是女，落到她手裏給她逮到機會，她一定不會放過你，而且絕對是罵到你狗血淋頭，記得有一次我就當場給罵到哭喔！一個堂堂正正的男子漢，就這樣給罵哭了，如果我有錯，那也就沒什麼好哭的，慘的就是莫名其妙被罵了一頓，真的是很慘，那個時候我都差點要離職了，還好那時候公司同事勸我留得青山在，不怕沒柴燒。所以我就忍氣吞聲的留了下來，那個時候我都說我是「冷宮宮主」，反正好的輪不到我，被罵就一定有我的份，想想我自己也沒什麼錯，可能是因為公司只有

就是要賴在
I want to be
a superstar.
演藝圈

我敢當面回嘴吧！有時候人還是不能說真話。

我也曾經懷疑過自己是不是真的能力有問題，不過改朝換代後主管換了人，我也證明了自己的能力，有時候還是要有一點堅持的。舉這樣的一個例子不是想舊事重提，只是想告訴大家，在這個圈子工作你可能會遇到形形色色的人，他們可能是你的主管，也可能成為你的下屬，而且喜歡罵人和會罵人的真的不少，而且以年紀大但卻還不結婚的女性居多，艾力克沒有誹謗女性的意思，只是我的經驗之談，相信那位主管一定沒有想到有一天艾力克會把這樣的事說出來。如果你也是喜歡罵人的人，那你來傳播圈工作真的會遇到好對手，保證你一定每天罵得很過癮，不過我又要勸大家了，每個人出來外面工作，不過就是為了討生活的嘛！

工作有成就感

chapter 2 為什麼要賴在演藝圈

可能有人會說每個工作都會有成就感，不單只是傳播演藝圈，這我不能否認，不過我想說的是從事演藝工作你的成就感會更大，因為這個工作是從無到有、從有到精緻到吸引人。我記得我第一次看到自己的名字出現在電視上時，那時候我都快哭了，覺得總算對自己有交代，那種喜悅是無法形容的，還有就是我自己開始獨當一面第一集節目做出來時，我覺得我好厲害喔！這種工作的成就感不只是主管才有，是屬於所有工作人員的，而且我覺得成就感最大的是辦演唱會活動的時候，因為那種感覺最直接，所有的回饋也最快，這種經驗相信辦過跨年演唱會的人最能體會了。當倒數結束，活動畫上句點，所有的人高興的相擁，感覺好快樂。

而藝人的成就感和幕後人員又不一樣了，別人的感覺我不知道，但我永遠記得我第一次主持電台節目的感覺，雖然從事幕後工作也快十年了，也和很多主持人一起討論過節目內容和主持方式，不過那畢竟都是紙上談兵沒有

就是要賴在
I want to be
a superstar.
演藝圈

自己實際操刀的經驗，等到自己真正上場的時候問題也就接踵而來，可見得理論是理論，實戰經驗是非常重要的，不管第一次的主持是好是壞，那種感覺真的好高興，好像自己就是一個大明星。

還有一次比較難忘的經驗就是第一次主持戶外活動，雖然工作這麼久了，見過的大場面也不在少數，但是真正自己站在台上還是大姑娘坐花轎頭一遭呢！我不想隱瞞大家，當我還在台下，看到滿坑滿谷的觀衆擠滿了現場，那時候的我只有一個感覺，就是很想去小便，心裡面是緊張得不得了，活動一開始的時候我還在猶豫到底要不要上台，還好有人推了我一把才讓我醒了過來，於是立刻上了台，上了舞台以後手好像不是我自己的，因為它雖然拿著麥克風，但是卻依然不自主的顫抖，而且還被台下的觀衆給看出來了，那時候真糗，恨不得立刻鑽到地洞裡去，後來心裡面想，反正都已經上台了就放開心去主持吧，因此才漸入佳境，等到主持結束之後我真的好佩服自己，我又完成了一個不可能的任務。

如果你對於目前的工作覺得日復一日不再有熱情，那傳播工作是一個不錯的選擇，因為你會有很大很大的滿足感，面對不同的工作類型，你可以享受不同的成就，生活也會因此增加許多樂趣。

做不慣別的工作

這絕對不是一個牽強的理由。在演藝圈工作一段時間之後，也許有很多人會感到失望或不得其志而離開，離開以後也許很快就投入其他行業或者是單純的先休息一段時間，相信很多人都有一個感覺~那就是離不開，有人從事其他行業一段時間以後還是會再回到演藝圈，理由很多而且包羅萬象，首先第一個無法適應的應該是工作時間，前面談過，傳播圈的工作時間非常彈性，要一個在傳播圈做過事的人去習慣朝九晚五的生活，真的會要了他的

就是要賴在
I want to be a superstar.
演藝圈

命，原本已經被定型的生理時鐘要回復正常是需要花很大功夫的，剛開始的時候或許還能適應，日子一久就開始出現疲態了。

另一點無法忍受的是日復一日同樣的生活型態。我不是說其他行業每天都很無聊，只是相較之下，傳播圈的工作顯得更加有挑戰性而且好玩，對了！用玩這個字相當貼切。在演藝圈工作真的很像是在玩一樣，雖然大部分的時間很累，不過如果能抱著玩的心態，那工作起來就會開心很多，我相信大部分在傳播圈工作的人都是愛玩的人，能夠把玩和工作融合在一起不是很令人羨慕嗎！至少在這個圈子工作是要更多采多姿的，娛樂自己也娛樂廣大的視聽大衆，千萬別忽略了，這可是一個娛樂事業喔！

還有一個理由應該也會引起很大的共鳴，那就是服裝了。在傳播圈工作你愛怎麼穿就可以怎麼穿，沒聽過做這一行要穿制服的，如果有那一定會上頭條新聞，而且會成為傳播圈的笑柄。我記得我在學生時代實習的時候，我

chapter 2 為什麼要賴在

一個學姊告訴我她親身經歷的一個笑話，就是她以前在一家傳播公司上班，穿的也很隨便，有一天老闆娘看到她就叫她過去，一劈頭就訓她說衣服穿得太隨便了，希望她能夠改變一下造型，女孩子總是要端莊賢淑一點，學姊不敢頂嘴連忙點頭說是，心裡頭卻在暗自叫罵，被罵的同時還想著明天該怎麼穿，後來她靈機一動，從此老闆娘再也不敢批評她的衣服了，你們要不要猜猜看隔天她穿什麼去上班？答案是旗袍！我的老天爺啊！真是笑死人了。當然，這也不是說你真的可以隨便亂穿，服裝以簡單輕便為原則，千萬不要太隆重，除非有正式的場合，還有女生也是以褲子為主，千萬別穿有蕾絲邊的，要不然人家一定會在你背後指指點點，我記得我看過一些女生剛畢業出來工作，可能家裡面還滿有錢的，於是便以富家千金的造型出現，立刻引來一陣側目，千萬記住，就算家裡真的有錢也千萬別被看出來。還有，剛畢業的人一定要記住，去上班的時候，不管冬天或夏天一定都要準備一件外套，

辦公室裡面冷氣很冷，有機器的房間裡面像極了冰庫。

以上大概是一些不能忘情傳播圈工作而再度回鍋的理由。不知道為什麼，做這一行是會上癮的，所以我又要勸大家了，如果你真的很嚮往這個行業，還是得多考慮一點，至於已經在這一行工作的人就死了心吧，想離開？門都沒有，再做個十年吧！

以玩弄別人為樂

這個理由看起來很諷刺，怎麼會有人因為喜歡玩弄人而去從事一個工作呢？其實是有的，那麼到底是玩弄誰呢？首先是藝人了，電視的綜藝節目最流行整人，整的當然就是藝人，節目工作人員可以決定要藝人坐電椅或者是吃噁心的東西，而藝人絕對不會反抗，如果你很討厭某一位藝人，更可以很誠摯的邀請他來上刀山下油鍋，而且他還會很感謝你給他這麼好的機會露

chapter 2 為什麼要賴在

臉，反正你平常想對一般人耍的惡毒手段，在電視節目當中都可以名正言順的辦到，而且不會受罰，這是多麼有趣的一件事，更好玩的是觀衆也愛看，這就好像傳播理論當中，電視節目對觀衆影響的投射理論一樣，大家日子都過得太苦悶了，平常不能做的事，在電視上都可以看得到，心理同時也得到了滿足，做電視的人也算是圓了一件功德吧！

另外的愚弄對象就是觀衆了，有些節目真的是太離譜，以廣播來講，有人在節目裡面算命或賣所謂的健康瘦身產品，進而有人騙財騙色，可是真的還會有人相信，你說好不好騙？不只是電子媒體如此，其他一些媒體也一樣，譬如說報章雜誌可以不斷的報導現在正流行吃蛋塔，於是馬上一窩蜂的就有人排隊買蛋塔，Hello Kitty也一樣，真正獲得好處的就是老闆了，反正媒體要大家往東，所有的人絕對不敢往西，媒體工作者真的掌握了大衆的喜、怒、哀、樂，實在有點讓人哭笑不得，所以如果你要人有一套，任何惡毒的手段都使得出來，那你真的賺到了，演藝圈這個工作絕對少不了你這個人才。

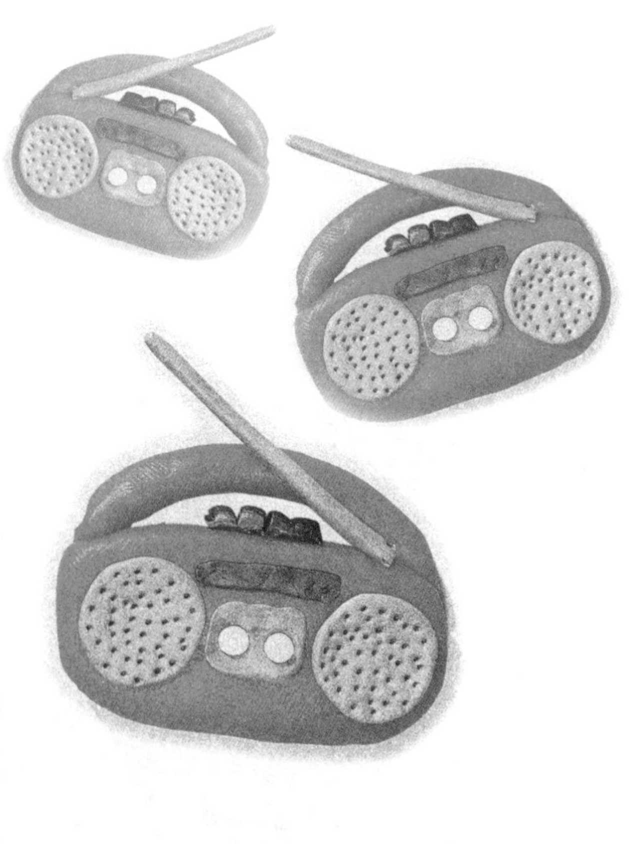

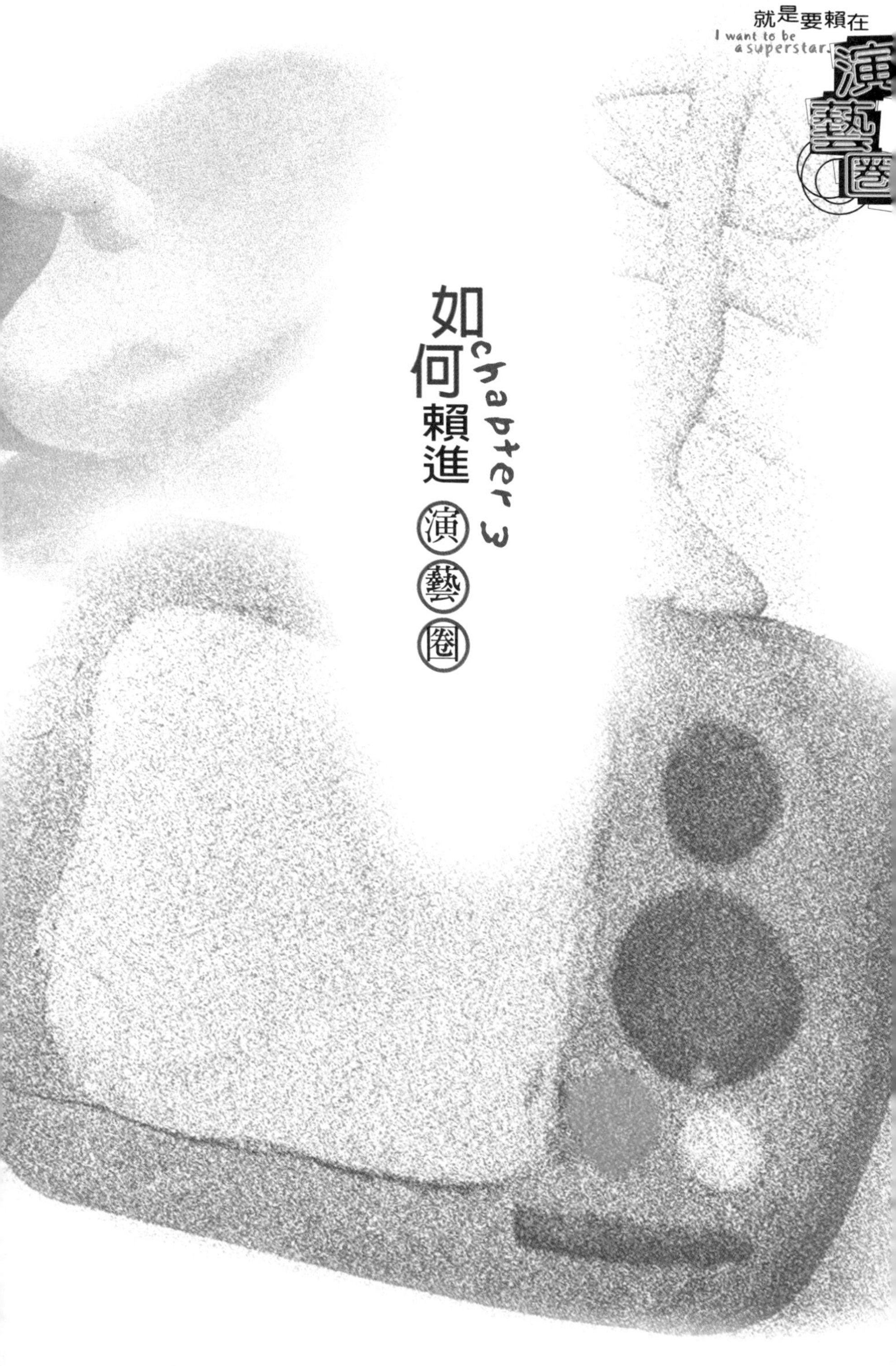

Chapter 3 如何賴進演藝圈

圈外人篇

你，是不是已經踏入一半演藝圈了？

有很多人雖然嚮往演藝圈，但是總覺得自己離這個圈子很遠，事實上一點也不，說不定你已經踏進演藝圈一半還不自知，只要用對了力，就可以順利進入這一行了。到底有哪些行業是已經一腳踏進演藝圈呢？

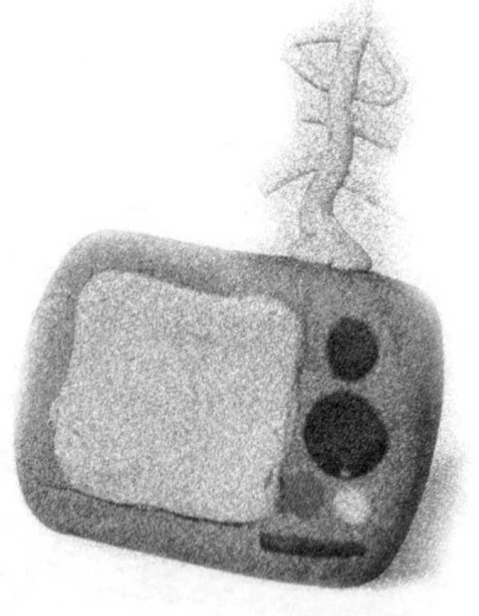

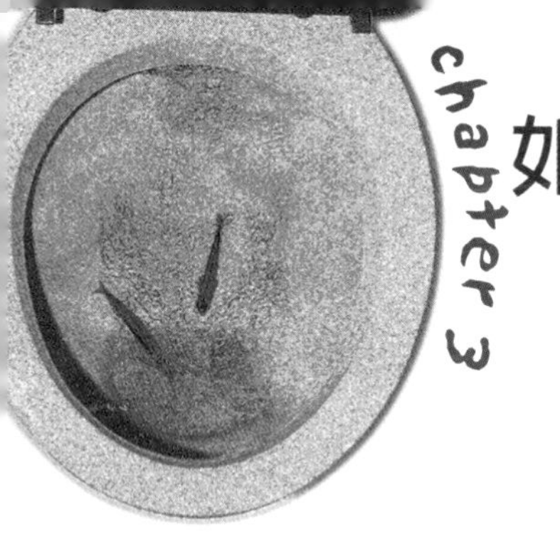

chapter 3 如何賴進演藝圈

雖然前面告訴大家很多賴在演藝圈的理由，不過說實在的，每個人賴在這個圈子的理由還真不一樣，但是有一個共同點就是大家都覺得這個工作實在非常迷人，就因為如此迷人，所以很多圈外人都迫不及待、前仆後繼的想往裡面跳，這時候問題就來了，很多曾經在演藝圈待過的不良份子，利用人性的弱點，很多想一圓星夢的少男少女們，畢竟人人都想成為大明星嘛！事實上要進這個圈子當個幕後工作人員並不難，但是要當個大明星可沒那麼容易，接下來的章節，艾力克將就圈內及圈外人部份做介紹，告訴圈外人如何進入這一行，而圈內人可以在這一行賴得更好。

✿ 服飾業

台灣雖然不大，但是出片量卻大得驚人，觀衆雖然比較喜歡看日劇或港劇，而電影拍的也不多，不過演員卻也多如過江之鯽，既然台灣有這麼多的

明星，那明星總得有些行頭吧！所以從事服飾業的人是非常容易進入演藝圈的，除了可以跟明星交易之外，電視節目可也是服飾業進軍的好機會，主持人上電視總得穿衣服，而藝人是不可能自己準備這些衣服的，因此在編列節目預算的時候，我們都會編列一筆所謂的服裝費用，也就是每次錄影的時候，服裝都得幫主持人準備適合的衣服，我覺得這是一個不錯的行業，除了可以看到大明星以外，還可以幫明星準備漂亮的衣服，如果他們喜歡的話，說不定就買了，同一件衣服可以賺兩次，製作單位付一次，藝人又買一次，真可說是一舉兩得。

這個工作的優點是可以融合自己的興趣，喜歡流行服飾的人，除了依然可以接觸流行服飾外，又和演藝圈有關聯，薪水待遇也不錯，做起來非常有成就感，不過也沒我說的那麼簡單喔，首先你必須要有基本的服裝概念，了解最新的服裝流行資訊，同時要懂得搭配，跟服飾廠商要有良好的關係，基

chapter 3 如何賴進演藝圈

本上衣服都是從廠商那裡借來的，所以如果你沒有良好的人脈，那總不可能每次都用買的吧，這樣賺的一定沒有花的多，可別只是做心酸的而已，所以如果你現在從事服飾業，那你一定要跟各大廠商維持好關係，同時一定要隨時吸收最新的服裝資訊，仔細觀察電視節目，看看每個主持人的特色，他們到底適合穿什麼樣的衣服，等到有一天機會來了那就可以好好發揮了，這時候一定有人會說：「可是我沒有門路去接觸製作單位啊！還是沒機會進入這一行。」其實說難聽一點，這個行業已經被壟斷了，而且每個製作單位也都有長久合作的服裝，因此以一個新手來說是真的很難，所以我的建議是不妨從助理做起，跟著師傅一起學，等到羽毛長出來再自立門戶就可以了，至於這些師傅哪裡找呢？我的建議是多去參加節目錄影吧！找機會跟那些服裝搭訕，並表明自己的興趣，相信應該還是很有機會的，要不然每次逛街的時候多和店員聊天也會找出一些端倪，有志者事竟成，努力一定會成功的。

圈內有一位服裝造型師最後也變成是藝人了，提示：她姓黃。

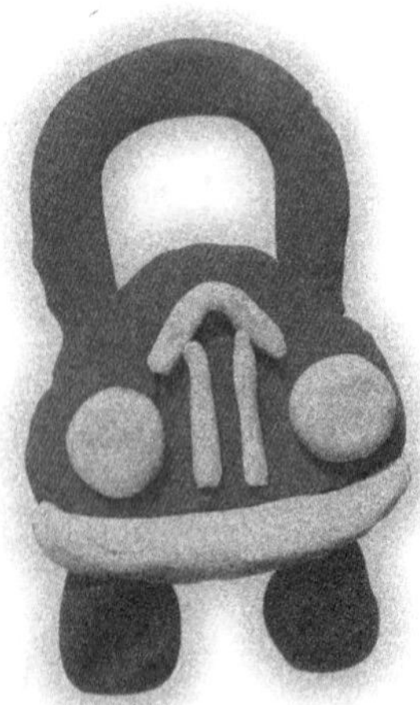

chapter 3 如何賴進演藝圈

✿ 髮型、化妝業

基本上這是兩個不同的行業，但是對於電視圈來說卻大多合而為一，這可能跟預算問題有關，製作單位不太可能花兩筆預算請兩個人，就電視這個行業來說，一個化妝師不僅要會化妝，同時也要懂得弄髮型，兩個不一樣的行業在電視統一了。基本上，這兩個行業要進入演藝圈是輕而易舉，道理也是跟服裝業差不多，一樣要有最新的觀念，技巧部分更不用提了，根據我的觀察，圈內很多大牌藝人都有指定的化妝髮型師，每次要出片、拍封面或宣傳照的時候，這些著名的師傅都忙得不可開交，不過他們可都很開心，因為賺翻了，這個行業就是這樣，人紅了錢也就跟著多了，難怪古人要說有名有利，說實在的，如果你價錢開少了，說不定人家還會以為你做得不好呢！艾力克的髮型師可也是很有名，她可是古巨基、蔡榮祖和小燕姐的髮型師，只是她的功力在我的頭上比較難以發揮。

就是要賴在
I want to be a superstar
演藝圈

說起來在演藝圈中服裝、髮型以及化妝這三個行業是比較像古時候的師徒制，師傅通常會帶一位到兩位的助理，而這些助理長大成人以後也就能獨當一面了。因此，對這幾個行業有興趣的人，不管你是不是已經學藝很久了，通常還是得要跟師傅一陣子才行，有一點很重要，那就是要推陳出新，如果無法推陳出新，那就容易顯得老氣，你知道藝人最怕老了，如果你讓藝人覺得老，那我想也就別混了，當然，也要提醒化妝師和髮型設計師，如果你只會一種技藝，那千萬記得要再把另一樣學會，這樣比較能夠如魚得水，賺的也比較多喔。另外，做這一行的人不只是電視的部分賺錢而已，還有唱片、雜誌、寫真集等等，所以已經在從事化妝髮型的人是非常有機會的。

Tips

猜猜看，圈內有誰是從髮型設計師變成藝人的？

提示：從香港發跡，姓劉！

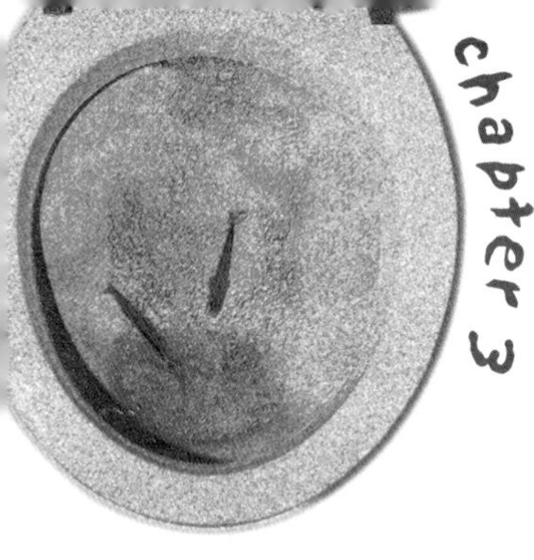

chapter 3 如何賴進演藝圈

✿舞蹈業

演藝圈的幕後功臣相當多，但是看得到的幕後功臣卻數得出來，那就是舞群了，舞群對表演來說的確是有畫龍點睛的效果，有一陣子國內的綜藝節目流行大堆頭的開場，那個時候舞群非常的重要，每個節目都非常的重視，表現好的還得連趕好幾場，除了編舞要好看之外，服裝也非常重要，一定要富麗堂皇、美輪美奐，這樣才能顯示節目的確花了很多錢，有時候收視率輸了還會怪罪舞群表現不夠好。除了綜藝節目以外，歌手發片的時候也會用到舞蹈老師，新人常常得到舞蹈老師那裡去學舞蹈和肢體語言，演藝圈還真少不了他們。

圈內的舞者也是有分幫派的，以前主要有兩大幫，有董幫和馬幫，舞群全盛的時期兩幫競爭十分激烈，那個時候的表現也最優。說起來這也算是一個壟斷的市場，因為電視節目往往需要很多舞者，因此不太可能一個一個

找，所以直接找老師領導的舞群會比較方便一些，而且他們常常會一起排練，默契比較好，和製作單位的配合度也高，實在是演藝圈的小尖兵，對舞蹈學有專精的人如果有興趣的話是可以嘗試一下，不過還是得跟老師好好學習，跑單幫比較不可行，加入幫派可能會比較有保障一些，條件好的說不定還有機會成為藝人喔！香港天王郭富城就是舞者出身的，名主持人何篤霖也是從舞者變成藝人，要進這一行人人有機會，但個個得努力，雖然舞群不是大明星，可是當他們在舞台上表演的時候，也都很努力的發光發熱，就算主角不是他們也無所謂，小小的螺絲釘卻架起了大明星的無窮光芒！

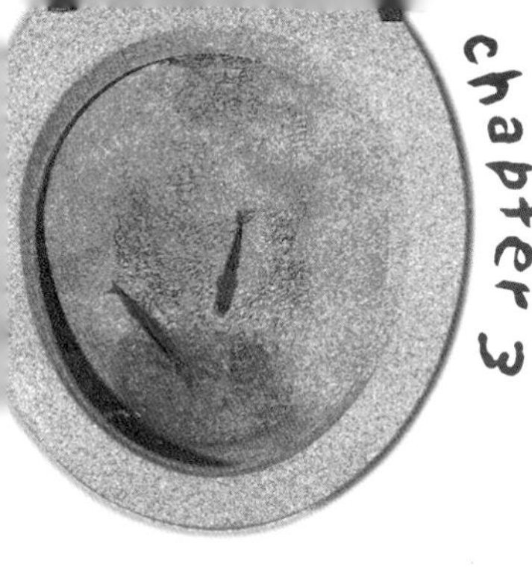

chapter 3 如何賴進演藝圈

✿ 算命業

這個行業的範圍很廣，有星座、血型、紫微斗數、卜卦、面相、手相、摸骨、陰宅、陽宅等等，為什麼說這些行業也算踏入一半的演藝圈呢？好像從玫瑰之夜的鬼話連篇走紅以後，靈異節目在國內就造成一股風潮，短短的時間之內，各大電視台紛紛開起「靈異節目」，節目內容除了刻意的營造恐怖氣氛以外，也歡迎觀眾投稿，這個時候就需要「老師」來為大家解說了，而這些老師大部分是對命理或靈異現象學有專精的專業人士，因此，製作單位費盡心思從台灣各地把這些老師挖出來，在電視上為大家解說靈異現象，我不知道你們相不相信，我可是半信半疑，由於靈異節目的浮濫，經過一段時間之後，能用的老師也用得差不多了，於是「人才」發生短缺，這時就給了一些較不知名的老師機會，聽說只要付一點錢就可以上電視為大家解說靈異現象，這樣倒也樂了製作單位，得來全不費工夫又可以增加節目預算，何樂

就是要賴在
I want to be a superstar.
演藝圈

而不為呢！這可也給了大家成名的機會，如果你對於以上所提到的「特殊才藝」學有專精，不妨花點「小錢」和製作單位聯絡，說不定就能順理成章的上電視，運氣好一點的說不定製作單位還會幫你開一個專屬節目，那就成為藝人了，很划算吧！

前一陣子有一位女性的星座專家遇害，還傳出某一位傳播界大老涉案，不知道她自己還有其他前輩是不是有算出來呢？不過聽說算自己都算不準喔，還是自求多福吧！

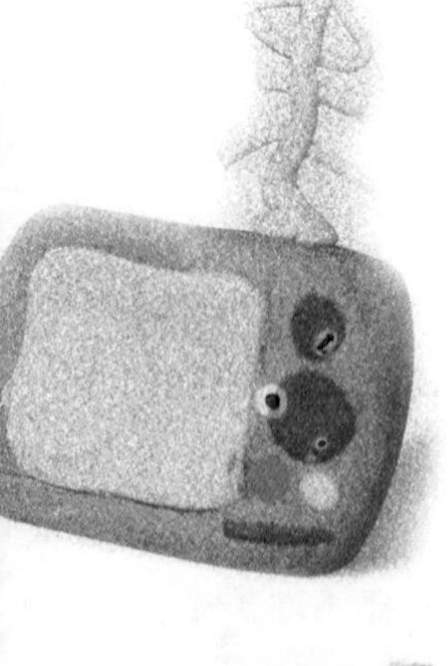

chapter 3

如何賴進演藝圈

✿醫師、律師、老師業

這「三師」行業可是很多人羨慕的工作，不過他們也都有機會成為明星，當然這也都拜電視節目所賜，電視節目流行什麼，那就會需要什麼專家，以前流行男女關係節目的時候，總是愛探討禁忌話題，而大家對於性都是一知半解，最了解的當然是醫生，所以醫生又被邀請到節目中，曝光久了自然而然也就成為公眾人物，生意也會比以前好很多，律師則是因為電視抽獎需要公証的關係對業務的推廣也很有幫助，所以聽說他們都很喜歡上電視。

而老師就比較特別了，圈中最著名的老師有三位：苦苓、于美人及阮丹青，苦大哥和美人姐是從廣播發跡的，而且都以敢言、風趣著稱，跟傳統印象中古板、苛刻的老師完全不同，很快就受到大家的歡迎，也從廣播躍上了小螢幕，而阮丹青則是音樂老師，出唱片好像又為音樂老師開了另外一條生

路，萬一長得不帥不美也還可以作詞作曲，不過我絕對相信，當藝人一定比老師賺得多，如果你也是三師的行列，那千萬不要錯過成名的機會，就算不能成為藝人，至少也會成為著名的三師。

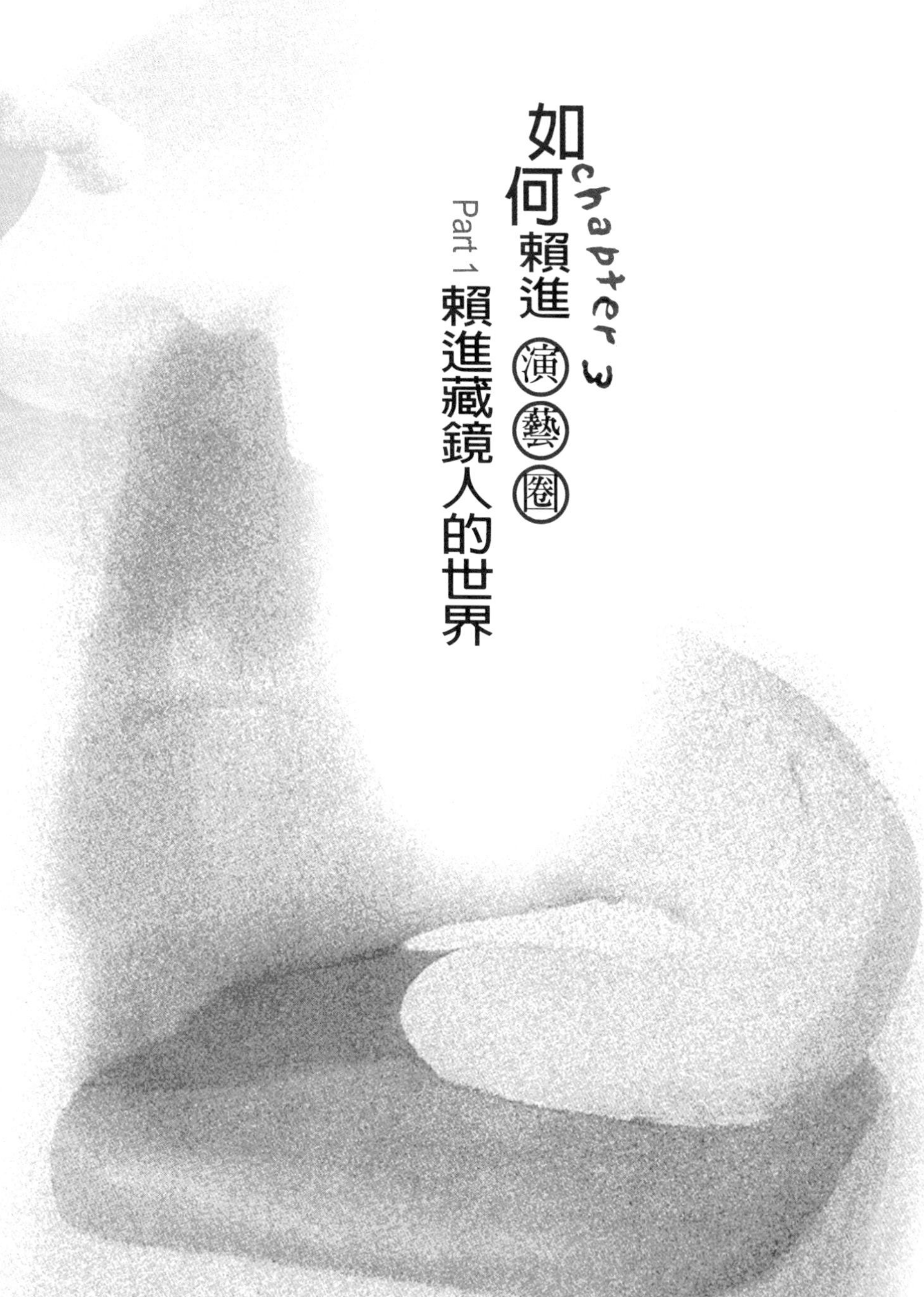

chapter 3 如何賴進演藝圈

Part 1 賴進藏鏡人的世界

就是要賴在
I want to be
a superstar.
演藝圈

✣ 圈外人入門守則

如果你現在所從事的行業跟以上所提的都不相關，可是你依然非常嚮往演藝圈，千萬可別在這個節骨眼死了心，其實機會依然多的是，耐心的看下去，你一定會得到很多啓示。

看報紙或上網路

很多人想進演藝圈，但是在找工作的時候卻很少看到演藝圈有在報紙上刊登徵人啓事，因為演藝圈比較少用完全沒有經驗的人，不過也別灰心，如果你是完全沒有經驗的人，在報紙上依然可以找到的，不過通常是助理的工作，但是無所謂，萬丈高樓平地起，當初我也是從助理一路做上來的，俗話說：幺久了就是你的。不過在看報紙找工作的時候有一些秘訣，首先要注意的是徵人廣告的大小，大公司知名度通常比較有錢，版面也會大一些，通常

chapter 3 如何賴進演藝圈

part 1 賴進藏鏡人的世界

也比較不可能騙人，要注意的是比較小的版面，通常那些公司都是小公司，以外製單位為多，當然外製單位也有大公司，隨著有線電視的開放，頻道增多節目播出時間也增多，在這種情況下，電視台會接受外製單位的節目以填補某些時段。

這些小傳播公司又可分三種：一種是軟硬兼具的，另外一種是純粹做軟體，需要的時候再找硬體公司配合；最後一種就是硬體公司了，讓我一一來說明。

一、軟硬體兼具者

通常這種公司的規模已經算大了。所謂硬體指的是具有攝影器材或剪接器材，這種公司除了可以製作電視節目及各種活動以外，還提供純軟體公司攝影、剪接器材的租借，應徵的工作人員包括了做硬體的攝影師、攝影助理、剪接師，做軟體的企劃、執行製作以及製作助理……等。

二、**單純做軟體的公司**

基本上這種傳播公司或公關、廣告公司很多，公司人數不多，基於成本考量和資金的問題，這些公司本身不具備任何器材，而在有需要的時候找硬體公司作配合，應徵的工作人員有企劃、執行製作、製作助理、業務……等。

三、**單純做硬體的公司**

所謂的硬體公司指的是提供攝影或剪接器材租借的公司，他們本身不作節目或任何活動，單純的提供剪接或攝影器材的租借，應徵的工作人員有剪接師、攝影師或攝影助理，最近演唱會非常風行，硬體公司也包括了燈光、音響及舞台的公司，應徵的工作人員就比較專業了。

看報紙算是比較笨的一種方式，不過對於一個完全沒有傳播經驗及人脈的人來說，可能是唯一的方法，不過就業職場上有很多的陷阱，應徵的時候

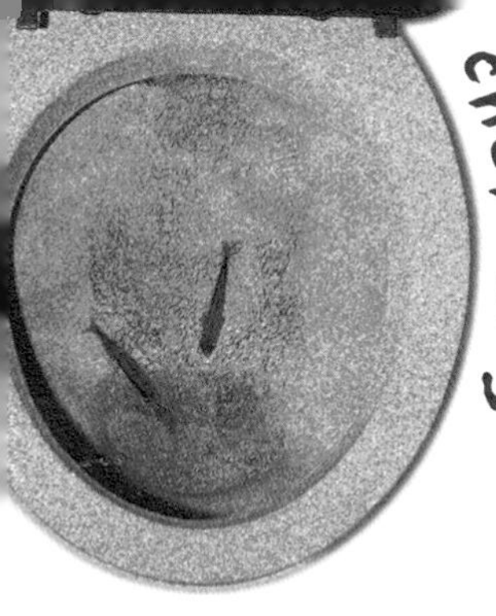

chapter 3 如何賴進演藝圈

part 1 賴進藏鏡人的世界

一定要特別小心，尤其是女生更要注意了，如果看到公司抬頭上有「國際」兩個字那最好就別去了，還有最好先打電話詢問一下，可以問問這家公司作過哪些節目？辦過什麼活動？公司位置在哪裡？通常傳播公司會位於電視台附近，如果離得太遠或者位於西門町，那最好先三思，或者找人陪你一起去以免上當，注意！應徵工作的時候是不需要繳什麼保證金的，如果對方提出這樣的要求，那就藉故去領錢逃之夭夭吧！

除了報紙以外，網際網路也是一種不錯的選擇，通常可以先在搜尋網站上打入「傳播」二字，接下來就會出現許多公司，一家一家進去看看，是不是有「招兵買馬」的方塊就對了，通常會有網站的公司是比較不會騙人也比較有制度的（但也不是絕對啦），運用網際網路比較省時，機會應該也比報紙多很多，而且可以直接 E-mail 你的資料過去，相當方便及快速，有電腦的人可以試試看。

問親朋好友

頻道的開放及媒體的發達使得從事傳播業的人口大增，因此如果你的親朋好友不算少的話，應該會有人是在這個圈子工作的，而這個行業之所以比較少刊登徵人啓事的主要原因，就是遇到有缺人的時候通常會以熟人介紹的方式應徵，這種方法非常聰明又省錢，而且應徵的人通常都還不錯，朋友介紹的，程度總是不能太差，所以你可以問問你的親朋好友，看看是不是有人在演藝圈工作，缺不缺人？嘴巴勤快一點相信會有所斬獲的，不過就因為是親朋好友介紹的，所以一定要考慮得特別清楚，以免臨陣脫逃砸了別人的招牌。

學校公佈欄

很多人會忽略學校公佈欄這個管道，現在的學校除了學問的傳授以外，

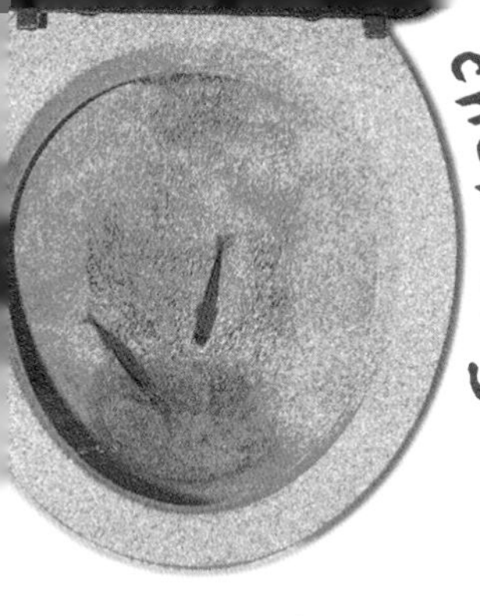

chapter 3 如何賴進演藝圈

part 1 賴進藏鏡人的世界

也非常希望能夠增加學生的實務經驗，因此每逢寒暑假，很多的傳播業都會希望學生能夠實地到企業當中去實習，一方面提供很多實習機會，其實也多了很多免費的工讀生。我個人認為這是一個不錯的機會，學生應該踴躍的參加，實習的目的除了增加實務經驗以外，同時也可以認識很多正在線上工作的人，如果表現優異，相信畢業以後要真正加入這個行業是非常容易的，所以我鼓勵學生應該積極爭取，特別是自己心目中理想的公司更是不能輕易錯過。

這時候應該有很多社會人士可能就要抗議了，其實雖然不是學生，但是依然可以在學校公佈欄中找到合適的工作，而且這些公司絕對不會騙人，因為學校一定會事先過濾，以免學生上當受騙。公佈欄中除了實習的機會之外，一定還會有一些特別貼給應屆畢業生的工作，這個時候就是各位社會人士去搶工作的最好時機了，這些工作有一些好處，通常他們不會太要求工作經驗，既然是貼給學生看的，如果要求太多的經驗那就沒意思了，所以圈外人應該好好利用這個管道，不過還是要奉勸年紀大一點的社會人士，既然是貼在學校公佈欄的工作，因此如果你的年紀真的稍大了點，那不如再試試別的機會了。

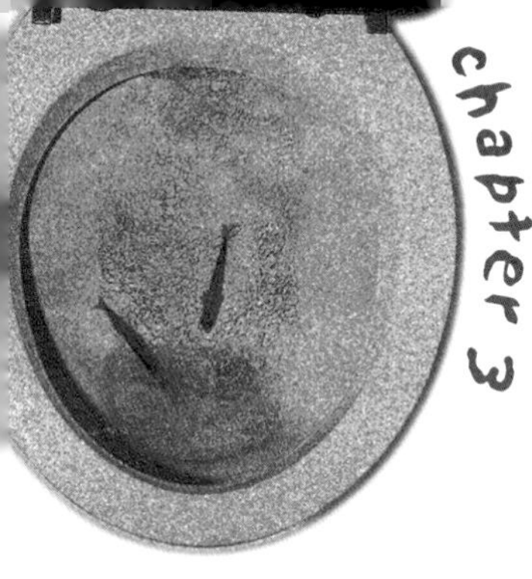

chapter 3 如何賴進演藝圈

part 1 賴進藏鏡人的世界

✣你在演藝圈，好還要更好！

如果你已經是演藝圈的一份子，那麼艾力克以過來人的身分，有一些經驗可以跟大家分享，其實一個幕後工作人員要在演藝圈混並不困難，但是要混得好真的不容易。到底如何才算混得好，那倒是見仁見智的問題，不過還是有一些道理可循，接下來就是艾力克的經驗之談。

想辦法進大公司

雖然演藝圈的範圍非常大，但是也有「主流」和「非主流」之分，所謂的「非主流」就是前面所提到的那些小公司，包括專做硬體或軟體的傳播公司，甚至於小規模的廣告或公關公司，為什麼菜鳥要想盡辦法進大公司呢？

其實道理非常簡單，首先你所接觸的都是傳播圈中正紅的人物，他們人脈多、接觸的範圍廣，以菜鳥來說見識也就多了，更何況如果要找下一個工作的時候，只要亮出履歷表，大家一看也就知道了，不需要再費盡心思的解釋，非常容易下一個工作就有著落了，因此，進大公司對於菜鳥來說是非常重要的，而且大公司制度較健全，升遷管道也很明確，只要努力，人人都有機會出頭，小公司就不同了，在知名度不足的情況之下，所接觸的人及工作也較不主流，要進入傳播圈的核心就比較不容易。另外一點要注意的是，如果有機會進入大公司，不要太計較職位或薪水的高低。也許你以前在小公司已經是執行製作了，不過到大公司時可能會要求你從助理做起，薪水可能也會少一點，這時你就得想清楚，如果是我，我會答應的，因為有些事情是錢所買不到的。

人緣及人脈一定要好

傳播圈常常流行一句話，「在這個圈子做人比做事重要」。聽起來很悲

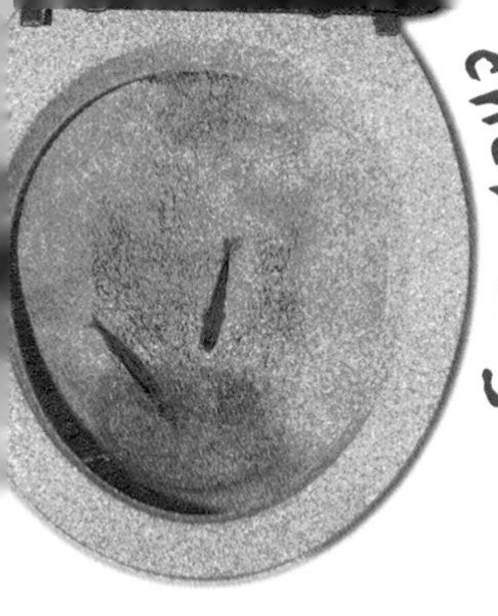

如何賴進演藝圈

part 1 賴進藏鏡人的世界

哀，不過還真是有幾分道理，你也許會覺得有些人好像什麼都不會，不過官做得比誰都大，比如有些電視製作人連基本剪接也不會，那到底是什麼原因呢？還不是因為會做人及會說話，這個圈子會說話的人太多了，常常一件事可以說得天花亂墜，但是真正做起事來可就不是那麼一回事了。

訓練表達能力及文筆的流暢

做一個幕後工作人員最怕不能完善的表達自己的意見。如果想到一個非常棒點子但是卻不能正確的表達出來，那麼再好的點子也不可能做到一百分，因此，表達能力對幕後藏鏡人來說實在是太重要了。在傳播圈工作免不了會遇到很多的提案，這個時候更可以看出表達能力的重要性，萬一你的表達能力真的不好，而文筆又差的話，那只能說是沒救了。寫企劃案對藏鏡人來說是絕對不可避免的，因此，我建議所有的藏鏡人平常一定要多和別人溝通，訓練自己的思考及表達能力。至於文字方面，那真的要多看書了。書看得多懂得也多，潛移默化的影響下，有時會連自己也佩服自己，為什麼可以寫出那麼好的文章或劇本。

吸收新資訊　才能有創意

傳播人賣的是腦子，每天必須不斷的擠出新東西，因此非常容易感到腸枯思竭，長久下來絕對生不出好創意，所以吸收新資訊成為每天必做的功課。看電視的確是吸收新資訊的最快速方法，尤其做電視的人更是不可不看電視，你可從電視節目或新聞中了解到現在流行什麼，不了解流行什麼，就無法做出新的東西。除了電視以外，報紙也非常重要。以前我做電視節目的時候，幾乎每天都要把市面上所有的報紙都看遍，否則真的會覺得心虛。

除此之外，雜誌也很重要喔！由於分眾化、專業化越來越明顯，因此，

chapter 3 如何賴進演藝圈

part 1 賴進藏鏡人的世界

雜誌的數量也越來越多，閱讀不同的雜誌可以吸收各種不同的知識，雖然不能說是博學多聞，至少也可以略懂皮毛，如又能加以融會貫通，相信一定非常有用，雖然雜誌那麼多，也不可能每一本都買，那該怎麼辦呢？秘訣來了！到咖啡廳去就對了，現在的咖啡廳除了燈光美、氣氛佳之外，還會準備相當多的流行雜誌，因此有空的時候去喝杯咖啡看看雜誌是很必要的，如果你覺得喝咖啡喝一杯不夠，喝兩杯又太貴，那可以去「漫畫王」類的商店，那可就便宜多了，而且有各式各樣的雜誌、漫畫、報紙可以看，飲料又喝到飽，何樂而不為呢？

講到漫畫，艾力克又要跟大家分享一個小秘訣，幕後藏鏡人一定要常看漫畫，一方面可以消除工作壓力，一方面可以刺激創意，更重要的是可以學習「分鏡」技巧，這對於寫劇本、拍短劇都很有幫助，不信嗎？試試三個月你就會知道了，以前我的工作人員都會在上班時間跟我說他想去漫畫王，而

就是要賴在
I want to be a superstar.
演藝圈

我也都非常贊成，那可不是翹班，而是充實自我喔！另外一個非常好的吸收資訊管道就是「網際網路」，除了可以吸收新資訊外，找資料也很好用，有了網際網路以後我就不太跑圖書館了。

E世代VS LKK

也許有人會問：「為何要多跟年輕人交往？」可別懷疑！年輕人可是演藝圈的衣食父母，只有多了解年輕人，才會知道他們喜歡什麼、討厭什麼。知己知彼、百戰百勝的道理是千古不變的，更何況跟年輕人交往還有一個附帶好處，那就是會永保年輕的心，演藝圈最怕老了，而怕老也不是藝人的權利，幕後藏鏡人也是很在乎的，更何況有許多屬於年輕人的語言，只有在跟年輕人交往的過程中，才能自然而然的學會及融入。

chapter 3

如何賴進演藝圈

part 1 賴進藏鏡人的世界

增強語言能力

傳播媒體的發達讓世界變成一個地球村。而最近幾年，國外藝人也將台灣視為一個非常重要的市場，三不五時就會來造訪，因此，如果有良好的語言能力是很吃香的。以前說到語言能力，大家都會想到英文，沒錯，英文的確是國際語言，能夠學好的確非常有用。

Tips

想多了解東洋的流行音樂資訊，多聽吳建恆的節目「今夜星辰」就對了！

「談判」為保命之本

這點太重要了。不會談判的人進了傳播圈等於已經掛了一半，閩南語有句俗話說「軟土深骨」，如果姿態擺得太低鐵定被吃得死死的，所以一定要懂得談判，現在我要舉一個艾力克的切身經驗：我以前在一家港資經營的有線電視上班，在還沒進該家公司之前，艾力克在三台的外製單位擔任總策劃的工作，而在和這家港資的有線電視主管聯絡期間，該主管告訴艾力克，因為當時沒有「編導」的職務，因此希望艾力克可以先從企劃做起，等到有編導的職位後，再予以調整，艾力克因為太相信別人，於是非常爽快地答應。進了公司之後，便開始應徵工作人員，到了節目快開始製作的時候，該名女性主管竟要艾力克應徵進來的工作人員當我的主管，當我得知這個消息的時候簡直有如晴天霹靂，一時無法接受，原本想就此離開，然而心中一直憤憤不平，於是決定跟該女性主管好好談一談。經過那一次的談判之後，該主管做

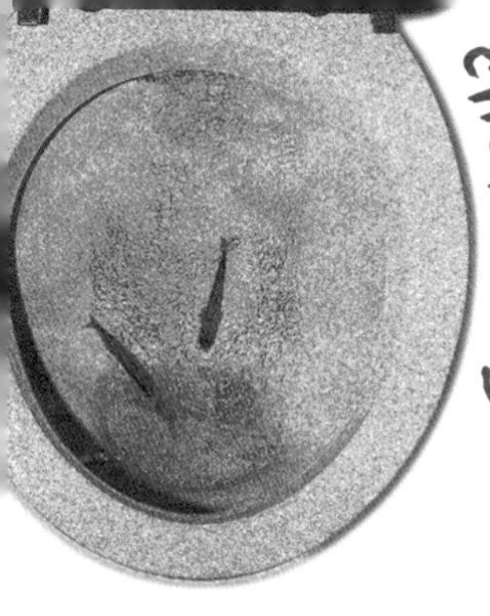

chapter 3

如何賴進演藝圈

part 1 賴進藏鏡人的世界

了折衷的決定，就是我和原本要當我主管的那個同事各帶一組工作人員，負責不同的節目，經由這件事之後，艾力克深深體會了談判的重要，如果當初我放棄了，那就是「啞巴吃黃蓮，有苦說不出」，只能摸摸鼻子走人，現在的我非常慶幸我談判了，不只是工作職位上需要談判，工作本身也要談判，薪水也要談判，演藝圈就是一種極端需要溝通的行業，只要有本事就可以談，事情就是談出來的，不是嗎？

不可錯過的傳播理論

常常有很多人會問我，幹這一行的學歷好像沒什麼用，的確，我必須這麼承認。不過傳播圈的範圍太廣，至少在我看來，如果你是做電視的、做廣播的、做電影的、做唱片的應該都沒什麼用吧，至少學校教的和外面學的就差了很多，我並不是鼓勵所有的人都不要唸書來從事這個行業，而是理論常常和實務無法結合，到底原因出在哪裡我真的不曉得，可能是學院派的學者們比較理想化，不過國內倒是有個很有趣的現象，那就是通常在學校裡面教書的教授或老師們很少有實務經驗，在學校裡面教書通常都得具有博士學位，讓我來為大家算一算時間吧，從大學一直念到博士畢業的話通常大概接近二十七歲，男孩子再當個兵回來也快三十歲了，這時候去到外面找工作真的很老了，還得從頭幹起，你說可能嗎？於是國內的傳播教育就非常停留在理論階段，這樣的情形演變下去，難怪國內的電視和新聞讓人越來越看不下去，因為現實和理論之間永遠存在一個深不可見底的鴻溝。

不過為了要感謝所有支持艾力克、買了艾力克這本書的朋友，有一些不得不知的傳播理論我一定要告訴大家，我不是一個學者，但是由於不順的求學過程，逼得我不得不多念許多書，只是把我多年的經驗和理論相互印證，介紹大家一些應該要看的書，希望能對大家有所幫助。

chapter 3 如何賴進演藝圈

part 1 賴進藏鏡人的世界

1. 大衆傳播理論，正中書局，徐佳士著。這是一本非常基礎的書，無論如何都得要看。

2. 大衆傳播理論，三民書局，李金銓著。深一點的傳播理論，也不得不讀。

3. 傳播理論—起源、方法與運用，時英出版社，Werner J. Severin &James W. Tankard,Tr.著，羅世宏譯。鄭瑞城教授說：這是一本「美國式」的傳播理論書籍，所涵蓋的理論範疇很廣泛。

4. 大衆傳播學理論(Theories of Mass Communication)，五南圖書出版公司，Melvin L.Defleur & Sandra Ball-Rokeach著，杜力平譯。這是一部系統介紹和論述美國大衆傳播學諸種理論的學術著作，本書分為兩個部分，第一部分介紹人類傳播史，第二部分則以美國社會為背景，綜合了西方的社會學、心理學和傳播學者的研究成果。

5. 大衆傳播理論與實證，三民書局，翁秀琪著。考試非常重要的一本書，對於歐陸的傳播理論介紹很透徹，參加考試不得不看。

6. 行銷傳播學，三民書局，羅文坤著。我個人認為這是一本非常棒的書，念廣告科系的同學絕對不能錯過，結合了傳播理論、心理學和行銷，錯過的話會後悔一輩子。

7. 媒介批評，五南圖書出版公司，黃新生著。要考研究所一定要看，裡面有批判理論、依附理論、結構理論、符號學理論、政治經濟學理論的介紹，有一點深度，但老師好像很愛考這些東西，我看好幾次才懂。

8. 傳播媒介與資訊社會(Communication Media in the Information Society)，亞太圖書，Joseph Straubhaar, Robert LaRose著，涂瑞華譯，蔡念中博士校閱。面對傳播型態的改變以及科技的進步，很高興有新的傳播書籍出現，讀了這本書以後會更加了解明日傳播的新型態。

9. 大匯流—整合媒介、資訊與傳播(CONVERGENCE：Integrating Media, information & communication)，亞太圖書，Thomas E. Baldwin，D. Stevens McVoy & CharlesSteinfield著，謝奇任、唐維敏、甘尚平譯。想更了解行動電話、有線電視網路、寬頻數位網路及各式媒體的匯流

一定得看。

舉了這麼多書給大家，一定有人覺得很害怕，想當初要念這些書的時候我也非常痛苦，不過當時為了插班大學和考研究所只好不得不讀了，還在學校唸書的同學一定得全部看完，一方面可以應付考試，一方面為自己多累積一點實力；至於不是學生而有興趣的讀者就看個人了，上班之餘有空就看一些，其實是很有幫助的，更何況上班以後能讀一些理論書的機會實在不多，尤其是後兩本，能對於新的傳播方式和科技有初淺的認識，就當看雜誌一樣把它給看完吧。當然還有很多的好書來不及告訴大家，以後有機會我會多看一些和大家分享的。

chapter 3 如何賴進演藝圈

part 1 賴進藏鏡人的世界

chapter 3 如何賴進演藝圈

Part 2 想成為閃亮一顆星？

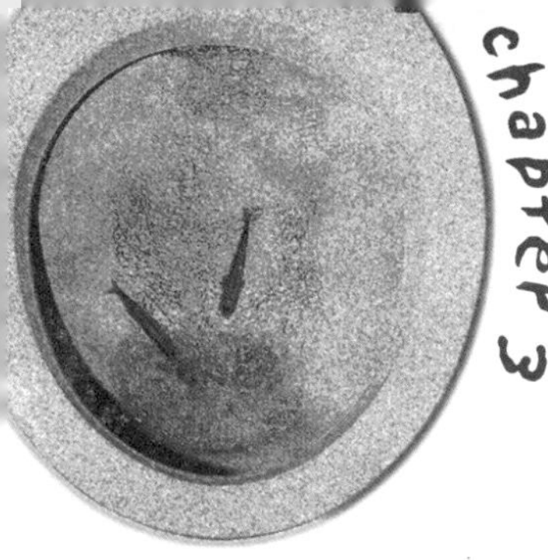

chapter 3

如何賴進演藝圈

part 2 想成為閃亮一顆星？

✣入門STEP BY STEP

藝人這兩個字實在是太吸引人了。高薪、賺錢容易、可以穿美美的衣服、受到萬人的擁戴，光看這些形容詞就令人覺得興奮了，因此，我相信很多小朋友都希望自己將來能夠成為一位超級巨星，想歸想，但是要一圓星夢可不是件容易的事。有很多人也很好奇到底螢光幕前的那些明星是如何變成大明星的？根據我的訪談經驗，其實都有一些標準答案，比如說朋友介紹，或是在街上走遇到星探等等，我倒是不敢說沒有這樣的例子，不過真的是可遇不可求，除非你真的是美艷動人、傾國傾城，或是帥到水都會結冰，要不然還真難，但是大家也不要灰心，演藝圈是一個「動」的事業，局勢永遠在動，今天流行的，可能明天就不流行了。以前螢光幕是俊男美女的權利，現在可不一樣了，只要你敢秀、真的有一套，醜男醜女還是有成為天鵝的一天。

加入演員訓練班

如果你的五音不全，天生一付破鑼嗓子這輩子沒希望當歌星的話也別灰心，因為你還可以當演員喔！當演員以前可是俊男美女的專利，女的皮膚一定要晶瑩剔透，身材一定要楚楚動人才行，男演員則是要受不了的帥，大家應該還記得瓊瑤電影或電視當中的男女主角吧！那可是俊男美女的最佳典範，曾幾何時，臉長得不是那麼俊美的演員也冒出頭，這代表了演藝圈中實力派的抬頭，不過說實話，連我都懷疑這些演員是怎麼出現的？除了科班畢業的不說，其他的很可能都是導演的朋友吧！事實上演員有很多是唱片圈的「退除役官兵」，可能不出唱片以後就只演戲吧，這樣可以延長演藝生涯，朝全方位藝人發展，那麼如果沒有背景，可是又對演戲很有興趣該怎麼辦呢？最好的方法就是加入演員訓練班。目前三家電視台幾乎都有演員訓練班，因此不是科班出身但是對於演戲非常有興趣的人千萬不要錯過這個非常好的機會，一方面可以從頭學習演戲的基本常識，學習肢體律動及語言，同時又因為是電視台開的訓練班，所以資源相當豐富，除了可以邊學邊客串演出實習之外，又可以了解實際的戲劇流程理論與實務經驗並重，所以如果條件真的不錯，電視台更會力捧為當家花旦或小生，前途一片看好。

參加歌唱比賽、歌唱訓練班

你會唱歌嗎？你會跳舞嗎？你長得又美又帥嗎？如果以上的答案你都是肯定的，可是你現在卻還不是一位超級天王或天后，那麼你應該檢討了。前面提過：一種人一種命，如果你天生就是吃演藝圈飯的命，那可千萬不要暴殄天物，現在的年輕人敢秀又有個性，如果你還一直裹足不前，那實在是太可惜了，當歌星真的很吸引人，只是大家都不知道怎麼去當歌星罷了，其實撇開一些有裙帶關係的人不說，如果你是屬於實力派的唱將，那麼參加歌唱比賽是踏入演藝圈最佳的途徑之一，或許有很多人對於歌唱比賽的印象不佳，總覺得好像要有「後台」的人才會得獎，我想那是從前吧！

現在的歌唱比賽非常公開，唱得好不好一聽就知道，所以如果你是實力派唱將，外型又很優，年紀又輕，那真的不要錯過任何一次的歌唱比賽，只要有就報名參加，道理就好像買獎券一樣，買得多中得多，總有一次會輪到你吧，也許有人會想第一名就那麼一位，怎麼可能會輪到我？要是你真的這麼想，那我還真替你擔心呢，說實在的，現在歌唱比賽得第一名的反而不太可能出唱片，通常都是第二名出唱片的比較多，不知道為什麼不過這好像是一個不成文的規定，可能第二名的人比較有「潛力」吧！另外，第一名通常外型都比較差，當然，如果你都沒得名，那也不要氣餒，通常在歌唱比賽的時候，各大唱片公司都會有「奸細」在，他們也許不想要第一名的歌手，但是對於落敗且外型好有潛力的人反而比較有興趣，反正現在的錄音技術那麼高超，唱不好的可以一修再修啊！而且歌唱技巧也是可以學的，先逮到出片合約再說。

以目前的唱片市場來說，幾乎各大唱片公司都會不定期的舉辦歌唱比賽以發掘新人，常態性舉辦歌唱比賽的電視台有三立電視台，廣播電台則有中

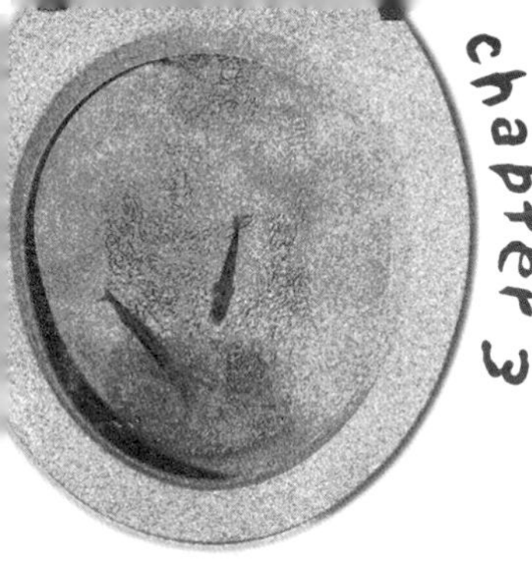

chapter 3

如何賴進演藝圈

part 2 想成為閃亮一顆星？

國廣播公司的流行之星，想要一閃一閃亮晶晶嗎？參加歌唱比賽真的可以讓你一圓星夢，至於參加電視台所舉辦的歌唱訓練班也是一個不錯的選擇，如果你認為實力還不夠，到歌唱訓練班學基本的樂理及歌唱技巧，說不定將來還會更上一層樓，只要照著訓練班安排的課程好好學習，實力應該會更好才對。

自己出錢當藝人

別以為沒有人脈就不能當藝人。俗話說的好：有錢能使鬼推磨，這個道理在演藝圈依然行得通，不過自己出錢當演員好像比較不可能，這個原則應該只限於當歌星，其實當我知道有這種內幕的時候心中也是十分的震驚，怎麼可能會有這種事，不過事實的確如此，據我所知目前圈內藝人有幾位就是自己拿錢出來的。

以目前的行情來估算，錄製一張唱片節省一點的話大概要二五○萬左右

就是要賴在
I want to be a superstar.
演藝圈

〈宣傳部分不算喔〉，只要找到發行公司就可以順理成章出片了，以投資報酬率來說，如果不小心賣了那可就吃喝不完，要是不賣那也沒有關係，立刻加入「唱片退除役官兵」的行列成為上綜藝節目通告的藝人，光賺通告費也不錯，算一算大概花個三〇〇萬買一個藝人的身分也不錯啊！但是先決條件是你要有這些閒錢，千萬別貸款出唱片，要不然包你一輩子賺不回來，還不如拿那些錢去炒股票。另外一個條件是你的外型不能太差，除非你真的聲音如黃鶯出谷，否則還得先花一筆整形費用，算下來可不只三〇〇萬了，不過我個人認為這樣的一筆花費其實是滿值得的，首先紅與不紅的比例大概是五十對五十，紅了另當別論，不紅也有不紅的賺錢方法，另外以唱片圈目前的不景氣狀況來說，如果先把製作物做好，唱片公司就省了一筆費用了，當然你的水平不能太差，否則動不動幾千萬的宣傳費恐怕也得自己出，那麼不如自己成立一家唱片公司算了。不過鋪貨的問題恐怕比較難解決，當然如果你家有錢到這種程度，我個人非常願意為您效勞，記得跟我聯絡。

聽說只要當了藝人賺錢似乎比較容易，這點我不能否認，想一想藝人上個通告大概以五千元起跳，一天接個兩場就一萬塊了，一般老百姓可是要賺很久的喔，萬一要是給你唱紅了，那幾百萬對你來說只是零頭而已，這個提議不錯吧？有錢人家不妨仔細考慮看看。

chapter 3 如何賴進演藝圈

part 2 想成為閃亮一顆星？

參加選美比賽

艾力克從學校畢業的第一份工作就是在選美協會上班。民國七十七年我國重新開放選美，那個時候選美的單位相當多，有世界小姐、環球小姐、佳樂小姐等等，剛開始的時候的確引起了一陣風潮，國內的女性同胞也多了一個進入演藝圈的管道，其實參加選美真的只是一個踏板，通常獲得名次的佳麗們都有機會成為藝人，而且大都以演員居多，未得名但進入決賽者更可以一脫成名，反正方法多的是。剛開始幾屆的中姐選拔的確選出很多優秀的中國小姐，但是之後陸續發生了許多糾紛，所以現在的選美又消聲匿跡了，取而代之的是美少女或是模特兒選拔，其實是換湯不換藥，對於所有的參賽者

就是要賴在
I want to be a superstar.
演藝圈

都是一樣，尋求進入演藝圈為最終目的，有心朝演藝圈發展的朋友可得密切注意各種比賽，以前只有女生有機會參加選美，現在的模特兒比賽男生也可以參加，男女終於平等了。另外，女性參加選美還有一個附帶好處，那就是說不定會成為貴婦人喔！只要被公子哥兒看中了，那就準備嫁入侯門吧！但是姊姊妹妹們可也得小心，還是自立自強比較好，萬一被拋棄了還得召開記者會說明，挺累的。不過如果有巨額的贍養費，那就另當別論了。

加入Magic

最近台灣樂壇有一件大事，那就是由台灣唱片界重量級人士創立了一個音樂學校，名字相當有創意叫做「MAGIC」。其實以前也有類似的組織成立，但是總有雷聲大雨點小的感覺，這次的感覺就不太一樣了，包括了齊秦、庾澄慶、李亞明、陶子、許常德等等，幕前及幕後重量級人物都加入了

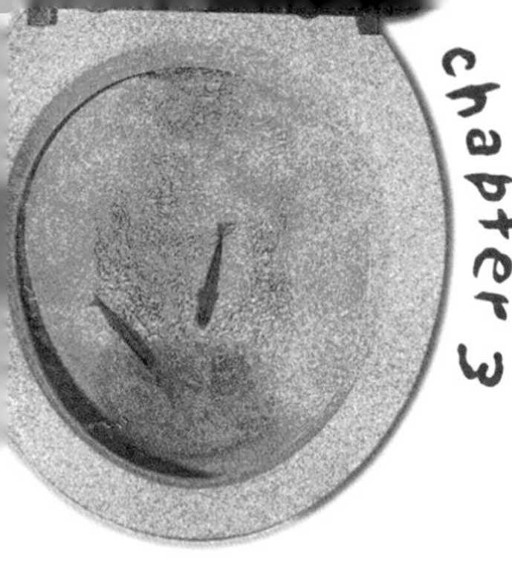

chapter 3

如何賴進演藝圈

part 2 想成為閃亮一顆星？

教學行列，看樣子是玩真的，不過以這樣的陣容來說相信學費一定十分驚人。我認為對於演藝圈有興趣的朋友，尤其是對唱片特別有興趣的人，不論是幕前或幕後一定要加入，這個道理和加入電視台舉辦的訓練班一樣，而這間學校更是特別，相信進入這間學校不僅可以學到東西，更可以結交許多朋友，人脈可是多的不得了，就算沒學到東西，光是認識那些主流的音樂人就值回票價了。不過聽說校規相當嚴格，首先為了要維持學生水平及教學進度，有音樂基礎者才准入學，第二是嚴格禁止師生戀，看樣子學校方面已經做好萬全的準備了，有興趣嗎？電話在這裡 02- 2577-4352。

就是要賴在
I want to be
a superstar
演藝圈

✥完全走紅守則

敢脫

其實這個鐵律不知道是什麼時候建立的？通常只要敢脫，肯定就一定會紅。當然，紅也有分大紅和小紅，不過就是會紅。從我小時候開始，演藝圈的藝人就有「分類」喔！有所謂的「清純派」和「野艷派」。「清純派」就是所謂的玉女，通常她們在螢光幕上是以清純少女的形象出現，以害羞、微笑為標準動作，在服裝穿著上一定以洋裝為原則，褲子是絕對不被允許的，而且顏色以偏向潔白和粉色系列為主，如果大家還有印象，不是太早以前的鄧麗君、林青霞、林鳳嬌、銀霞、沈雁，到後來的楊林、方季惟、伊能靜、裘海正等等都是清純派的代表。而「野艷派」在台灣社會中就顯得較為異類了，為了不要得罪人，在這裡我不會舉例太多，在我心目當中，「野艷派」的掌門人應該是崔苔菁，她不僅漂亮，而且不噁心，歌藝又佳，堪稱是「野艷派」藝人的典範，想要超越她實在是難如登天。

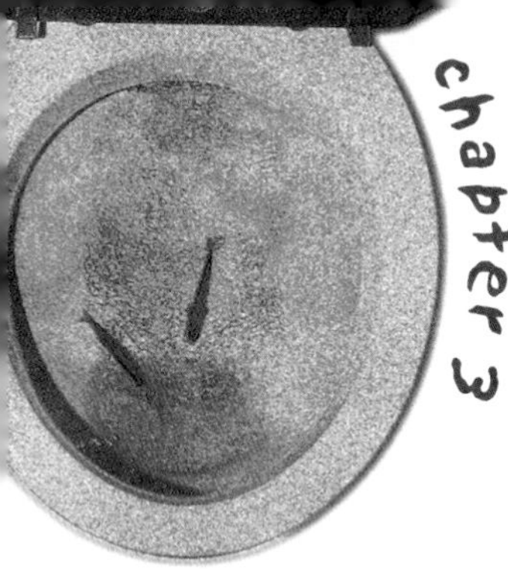

chapter 3

如何賴進演藝圈

part 2 想成為閃亮一顆星？

至於為什麼要說「敢脫」就會紅呢？其實這真的要歸功於台灣的媒體了。演藝圈雖然每天都有報導不完的緋聞和事件，但是「暴露」這件事，對中國人來說可算是天大的事，因此只要少穿一點，通常是可以謀殺不少底片，自然而然成為鎂光燈的焦點，媒體報導自然也就多了。

在最近的演藝圈中流行「電影首映」，這在以前是很少見的，有了「電影首映禮」這個活動以後，女藝人曝光的機會就又增加了許多，對於已經很紅的人來說，除非特殊的邀請或是國際級的電影，通常這種首映禮她們是不會出現的，不過對於剛出道的藝人，或者是在演藝圈中浮沉多年不見起色的藝人來說，這可就是難得的機會了，通常經紀公司接到這項邀請的時候，會緊急通知家裡的藝人，要她們做好萬全的準備，除了化好美美的妝以外，最重要的就是選對衣服了，於是爭奇鬥艷的情況就會發生了，通常服裝以遮住重點部位為原則，其他的能少就少了。不要以為自己做好準備就沒錯了，事情可沒這麼簡單，真正重要的是到了首映現場。

不要以為電影公司或公關公司只會邀請一家經紀公司的藝人，通常以越

就是要賴在
I want to be a superstar.
演藝圈

多家越好為原則，因此，到了現場以後，就會有許多的狀況產生，比如說「撞衫」，天啊！藝人是不能撞衫的，如果真的撞了，那種糗是言語所不能形容的，如果對方身材又比你好，那還不如一頭撞死算了。最好是能不經意的小露一番，這種小露通常會製造出其不意的效果，還記得某一個國際性影展，台灣之光舒淇就曾經這麼小露了一番，果然在國際上「大放光芒」，當然，我們一定都相信她絕對是不小心的喔！

說到舒淇，還記得她的寫真集吧！相信有不少男性朋友家中的牆壁上噴滿了鼻血，那種脫的精緻，是只能意會不能言傳的。不過千萬不要以為光是會脫就行了，「脫」只是第一步，脫了之後才是重點，我個人非常佩服舒淇，「脫」只是一種手段，增加曝光的機會，脫過以後可得惜肉如金，努力提昇自己，否則說穿了只是一介脫星罷了，舒淇就不同，現在的她跟剛出道的她可說是判若兩人，那種高貴的氣質直逼張曼玉，而徐若瑄的脫，也讓她更上一層樓，所以藝人會不會規劃自己就顯得更加重要了，希望舉這樣的例子，可以讓所有在星海中載浮載沉的女星們一點小小的啓示。

chapter 3

如何賴進

part 2 想成為閃亮一顆星？

還有還有，千萬不要以為「脫」是女人的權利，在進入21世紀的這個時候，男人也是可以靠原始本領賺錢的，記得我們有一個同行，好像跟麵包有點關係的電台主持人，他就曾經一絲不掛，只在重點部位貼了膠布主持節目，從此之後他也知名度大增，看在艾力克的眼裡，實在是使不出狠招來贏過他了，不過別氣餒，我一定會想出兩全其美的好方法的。其實男藝人「脫」的風氣真的是受到女性藝人的影響，有一年，寫真集特別風行，突然之間就有一堆寫真女郎出現，那時候娛樂新聞都來不及報導，有時候一天兩三個，先是不知名的脫了，接著老師也脫了，然後玉女跟著脫，最後不夠還要拉著小提琴脫，那一陣子可真是忙壞了所有的娛樂記者們。不過脫也並不完全是為了自己，像香港藝人王喜，他就把拍寫真集所得到的版稅捐給醫院或慈善機關，我個人深深佩服，如果這本書有超過五刷，我個人也要出寫真集，附在書裡面送給大家，再把部分版稅捐給慈善機關，我是認真的，至於敢不敢看就看讀者了，當然，你也可以選擇丟掉或是留到農曆七月半放家門口了，不過我真的好想出寫真集喔！

就是要賴在
I want to be
a superstar.
演藝圈

敢哭

「記者會」，不過沒事可別亂開記者會，要不然是會被罵到死的，召開記者會對藝人來說是很必要的，比如說深夜飆車亡命追情郎要開，被發現突然之間多了很多小孩要開，在香港被認為持有搖頭丸要開，和經紀人合約有糾葛要開，除了開之外，還得小小配合哭泣，這樣才能博得大眾的同情，這雖然只是小技巧，但通常都會有好效果，至於如何哭得巧、哭得妙，這就得靠高人指點了。

裝瘋賣傻

裝傻這門招數也不簡單喔，普通人是做不來的，通常也可稱作「睜眼說瞎話」，這一招以香港藝人最厲害，通常狗仔隊都會拍到很多不利藝人的照片，比如說街上牽手啦、接吻啦、搖頭搖到不行啦、或是女藝人滯留男藝人家隔天再出門啦、或是穿著睡衣送客等等，通常當事人在接受記者訪問時都會用到這一招，這時我們就不得不佩服這些人了，他們一定都是面不改色、對答如流，要換成是我，早就面紅耳赤或是笑場了，所以啊，平時就得多訓練、多沙盤推演，狀況來的時候才能應付自如。

多充實自己

看台灣的電視節目常常會看不下去，原因沒有什麼，就是很多人不讀書。不是每一個藝人都有機會站上第一線，也不是每個人都有演出的機會，因此沒事做的時候就要多讀書，我記得有一位前輩曾經告訴我，當你不得志時候就得要多充實自己，等到機會來時，就可以非常從容的表現了，我想這一句話不僅適用於演藝圈，對於任何行業來說都是相同的。我有很多藝人朋友，他們並不是一開始的時候就受到重用，有的唱片合約結束後就沒再續約了，頓時之間生活失去了依靠，收入也減少了很多，就算不是藝人的艾力克也曾經面臨相同的問題，其實這就是非常關鍵的時刻。

就是要賴在
I want to be a superstar.
演藝圈

有的人會因此而自暴自棄，終日無所事事，更糟的是流連聲色場所，自壞大好前程，會想的人可就不一樣了，他們可能利用空閒時間多充實自己，學語文、學舞蹈、學中國傳統藝術等等，一到機會來臨時就變成一個多才多藝的人了，這才叫做真正的「藝人」。同樣的，也許你現在在工作領域中面臨了瓶頸，這個時候就應該沉潛一些，多思考自己的人生方向，艾力克離開中廣的時候，雖然有點措手不及，但是我很快的就決定出我的下一步，人是不能閒晃沒事幹的，特別是演藝圈，時間久了，所有的人就把你給遺忘了。

這時候可能有人又要問了「那如果真的沒什麼機會，要熬多久呢？要自我充實多久呢？」這一點我真的無法回答你，可能是一年，可能是兩年，也可能是一輩子，不過我相信老天爺是公平的，如果你真的沒做什麼傷天害理的事，祂一定會給你機會的，大衆情人費翔也是闊別台灣數年以後再度回到台灣，完全看個人修行了。

chapter 3

如何賴進演藝圈

part 2 想成為閃亮一顆星？

只有懶明星　沒有醜明星

演藝圈是現實的。這句話肯定沒人敢否認，這個圈子五光十色十分吸引人，要在幕後工作並不難，然而要轉往幕前就不簡單，演藝圈裡俊男美女多是不爭的事實，然而要出人頭地除了要才藝出眾外，「門面」也得要好看，門面指的就是造型了，雖然我們常說外表不是那麼重要，才能更重要些，其實都是狗屁，最近唱片圈中雖然有「逆向操作」成功的案例，然而畢竟是少數，只要長得帥、長得美，就比別人有特權，艾力克就是吃了這種悶虧，但是這也怨不得別人，不過如果真的長得不好，那是不是就沒希望了呢？其實也不是，「才藝」這時候就真的很重要了。

比如說你真的歌唱得比別人好，戲演起來也特別精，書也寫得特別好看，主持節目也比別人風趣，這樣子還是會有機會的，只不過真的比較辛苦就是了。其實現在的人並不一定要求要特好看，不過一定要有「型」，這可得從外型和氣質著手了，免不了可能你得裝酷、裝專業，第一印象是絕對不能

就是要賴在
I want to be
a superstar.
演藝圈

被打折的，我以前真的完全不懂，現在懂了一些些，希望為時不晚，還有，名牌衣服還是得準備幾套，總是有一些特殊的場合你必須要參加，比如說你不小心得了金鐘獎或是金馬獎之類，光是找禮服恐怕就會花掉你不少的時間，而且典禮結束之後，還會有一堆非專業人士等著批評你的衣服得不得體，粉好笑吧！

要走極端

大家可別誤會我要你們尋短見，這裡所說的「極端」指的是演藝的極端，比如說聲音要嗲的極端，體型要胖或瘦的極端，長相要醜的極端等等，說的清楚一點就是要與衆不同，大家都會以為要在這個圈子裡面生存，一定是要俊男美女掛才行，不過說實在的，如果真的全部俊男美女，那也實在太夢幻、太不真實了，電影、連續劇中也是有不少的丑角人物，這時候就需要「極端」人物的幫助了，雖然是屬於綠葉的角色，但是演得好表現出色的話，

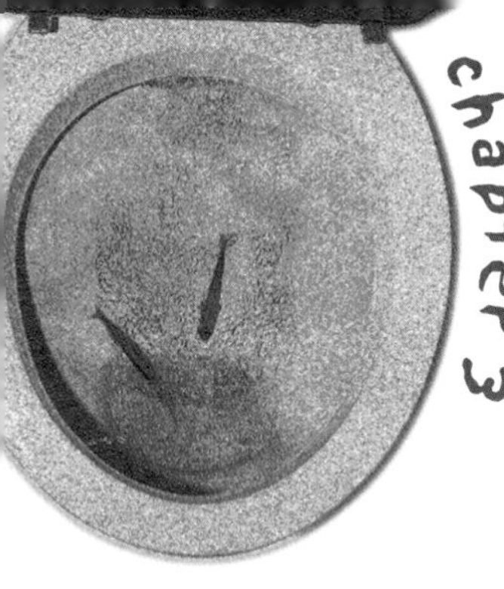

chapter 3 如何賴進演藝圈

part 2 想成為閃亮一顆星？

常常也能搶些紅花的光彩，像這輩子無法當俊男的艾力克，注定就只能是諧星了。不過諧星也有諧星的好，演藝生涯比較長，門面也就不需要像偶像那麼注意了。不過在這裡要特別提醒所有的讀者們，諧星也是有尊嚴的，他們帶給所有觀衆快樂，不惜犧牲自己，大家應該給予更多的尊重和支持，藝人總是人前笑、人後哭，唯一的使命就是帶給大家快樂，請大家多給一些掌聲吧，謝謝！

宮氏症候群

藝人要有選擇性的健忘，這一點以前好像不怎麼重要，但是自從宮雪花姊姊一忘成名以後，選擇性失憶症就成為非常必要的條件了。不過我倒覺得不只是藝人要忘記不愉悅的事，平常人也是一樣，只記得快樂的事人生會比較好過一些，更何況人非聖賢，孰能無過，當犯了錯然而又要面對媒體的逼問時，選擇說謊，不如選擇遺忘，說了一個謊之後，可能還要用十個謊來遮

就是要賴在
I want to be a superstar.
演藝圈

掩，何必呢！

至於不記仇的話就更重要了，藝人和藝人之間難免會發生不愉快的事情，如果要有所行動，那也得要「小心」行事，君子報仇三年不晚，做好萬全的準備之後，再一舉把敵人殲滅，否則不宜貿然行事，但是我比較不鼓勵這樣的行為，因為這個圈子就是這麼小，早晚大家都有相見的一天，真的忍受不了，那放放冷箭也就算了，否則他日狹路相逢，就十分尴尬，到時又得考驗選擇性失憶症和裝傻的功力，粉累的。千萬要記住一句話「今日的敵人很可能是他日的恩人」，反之亦然。不過只要行得正，就算別人要害你也會於心不忍吧！

想盡辦法加入「演藝家族」

前面提過近幾年來台灣演藝圈流行「家族風」，例如小燕家族、憲憲家族、偉忠幫等等，說實在的，要在台灣的演藝圈發光、發亮不加入家族還真

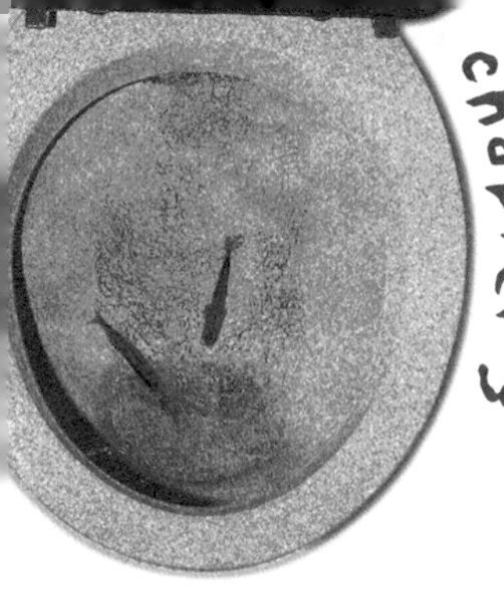

如何賴進演藝圈

part 2 想成為閃亮一顆星？

不行。讓我來分析一下目前的節目家族瓜分概況吧！先以小燕家族來說好了，TVBS-G這個頻道就是以小燕家族為主，連帶飛碟電台也幾乎被小燕家族給包了，可別小看這種媒體結合的力量，打開電視和收聽廣播都是一樣的人，這種力量可是非常潛移默化的，想想看如果有一天小燕姐、陶子、交交、阿亮、阿寶、阿祖都不見了，那會有多少節目沒有人主持啊！

再來說說憲憲家族，憲哥是一個非常有生意頭腦的藝人，除了把自己經營的十分成功之外，也不忘提攜新人，憲憲家族的勢力最近也是如日中天，例如康康、小馬、小鍾、耕宏、比莉、阿輝、郁方等等都是當紅炸子雞，由於憲哥本身沒有頻道，所以家族成員所主持的節目分散四方，感覺上比較沒有凝聚力，在廣播部分，目前也只有SBDW在中廣主持的節目，勢力雖然也算龐大，但是感覺就是氣勢稍稍弱了一點，不過憲哥是個聰明的人，很快的Jacky Channel就要跟所有的觀衆見面了，相信到時候又會有一番新風貌呈現，只是廣播頻道不知是否也可以順利同步開播完成，如果可以的話，台灣演藝圈又要大地震一番了。

就是要賴在
I want to be a superstar.
演藝圈

至於偉忠幫可也是十分厲害喔，先從ASOS開始吧，這兩位美女可是打敗了電視製作有史以來的成規，娛樂百分百可是讓她們經營得有聲有色，雖然是有線電視台，收視率可是直逼無線台呢！我個人是十分欣賞她們兩位，說話實在、敢作敢當，不過她們可是有大老闆挺著，像艾力克就不行了，才說了幾句實話立刻就從媒體消失，所以你覺得要不要加入家族呢？除了ASOS之外，偉忠幫另一位女將阿雅可也算是厲害，主持、唱片一把抓，雖然是平胸公主，可是卻也拍起內在美廣告，真的是紅的很自然喔！大體說來，偉忠幫走的是青少年路線，在演藝圈中感覺獨樹一格，主持人的風格也特別與眾不同，十分吸引青少年的注意，艾力克雖然年紀比偉忠幫的藝人大很多，不過路線好像跟他們蠻接近的，希望有機會偉忠哥也可提拔提拔我，讓我也加入偉忠幫成為另類一族主持人吧！

前面所提的家族是在演藝圈中較具知名度的幾個，當然族繁不及備載，還有其他家族大都以戲劇路線為主，不過總而言之，想要在台灣演藝圈佔有一席之地，真的非加入家族不可，一方面省去單打獨鬥所浪費的時間，另一

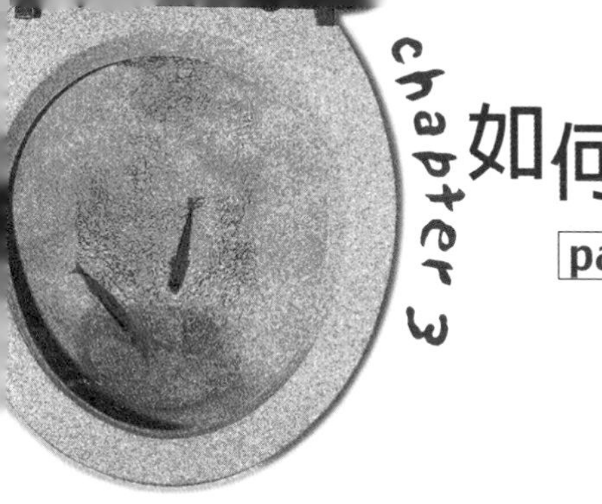

chapter 3 如何賴進演藝圈

part 2 想成為閃亮一顆星？

方面可以立刻和一線的主持人搭配，很快就會受到大家的肯定了，俗話說「不看僧面看佛面」，加入大家族上面有師父挺著也比較不容易受欺負吧！

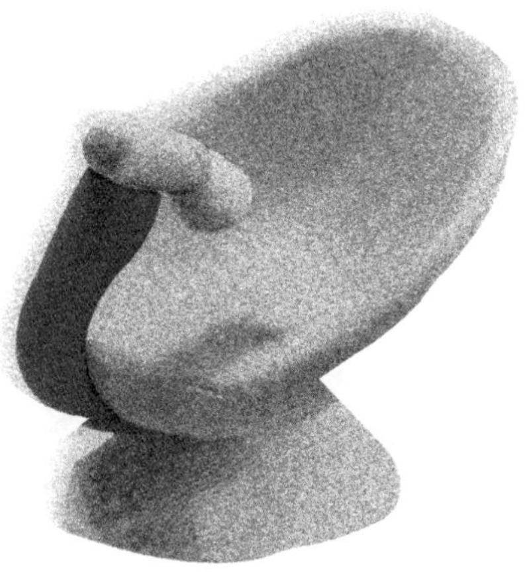

就是要賴在
I want to be a superstar.
演藝圈
八卦洗禮之
chapter 4
藝界人生

演藝圈洗禮篇

傳播業這個工作真不是人幹的，可是它卻有一股莫名其妙的吸引力，如果你已經鐵了心腸，非成為一個傳播人不可，那有一些事情我還是得先跟你說，雖然這樣子讓我感覺好像是一個老人家，不過難得有這樣的機會，我就先吐為快了，大家可別當成是耳邊風，這些可都是我累積多年經驗的所得，你們一定要注意看喔！

首先一定要懂得吃苦。這個行業忙起來的時候真的是不分日夜，我最高的紀錄是一天一夜沒睡，那對我這個這麼重睡眠的人來說實在是不可思議，卻有人還三天三夜沒睡呢！所以有心走這一行的人一定要懂得吃苦，想想看，那麼多天日夜的煎熬，有時還得忍受不洗澡的痛苦，男生或許還可以，女生就麻煩了。

另外要注意的是反應要快。分秒必爭用在這一行實在一點也不為過，既然事情是如此的緊急，因此絕對不允許慢慢來，所以反應一定要快，做決定也要快，否則時機一過什麼都毀了。想想看在做跨年晚會倒數的時候如果你的反應不夠機警，錯過了正確跨年的時間，那你真的要切腹自殺了。第三點就是要主動，做這一行是要自己找事做的，你們也許會覺得奇怪，為何要自己找事做，我看過很多剛入行的人會說這個工作很輕鬆，事情一下子就做完了，哪那麼容易啊！這行要做的事可多了，如果光是把主管交代的事情給完成，那還不算好，真正完美的是把主管還沒交代的事也完成，意思就是說眼光要放得遠，能看到還沒發生的事；剛開始也許很難，不過這是需要訓練的，日子一久很快就會找出自己的工作模式。

就是要賴在
I want to be a superstar.
演藝圈

小不忍，則亂大謀

「君子報仇，三年不晚」這一句話也要銘記在心。在傳播圈裡面不公平的事情太多，雖然抱持著努力工作的心態，然而就是會有人處心積慮的扯你後腿，這個時候千萬要記住不要意氣用事，多考慮一些再做出行動，這個圈子真的很小，今天的敵人很可能會成為明日的朋友，反之亦然，這其中的政治運用，恐怕就得靠個人的智慧了。

主管心　海底針

我記得有線電視剛開始在台灣發跡的時候，我在一家港資為主的電視公司上班，在前面章節中，我也約略提過，有一位女性主管她的行為就十分有趣，她要我面試進來的同事當我的長官，後來經過我據理力爭而獲得平反。這件事情讓我學到不應該太容易相信別人，即使是跟你認識有一段時間的朋友也一樣。

還有，遇到這種主管的時候不要輕易離職，因為職位較高的人，他們的變動往往是很快的。記得當時我受到很多委屈，總認為她是特別針對我而來，那時的我氣憤的想立刻辭職，但是同事們都勸我，說她可能很快就會離開了，我心裡面想，留得青山在，不怕沒柴燒，於是忍氣吞聲的據理力爭，果然沒錯，在歷經一番公司經營權的轉換之後，她也就去職了，而因為我的努力，我也獲得了正名。所以如果你跟我遇到相同的狀況千萬別急，也別意氣用事跟錢過不去，忍得雲開見月明，總有撥雲見日的一天。

就是要賴在
I want to be
a superstar.
演藝圈

提防小人就在你身邊

當我在中廣流行網主持美的世界，而同時也在某家有線電視台擔任娛樂新聞性節目製作人時也碰到一位有趣的女同事，她原本是這個娛樂新聞性節目的製作人，因為不知名的原因而被更換掉，當我去接這個節目的時候，她顯得特別的關切，而且關切的過分，芝麻蒜皮的小事，她也會把它說成驚天動地，特愛造謠生非，還會隨便說已婚女同事搶了別人的老公，鬧得真的有點不可開交，還會去跟老闆說我每天早上都十一點以後才去上班，殊不知我在跟我長官面試的時候就已經表明我是中廣的主持人，反正只要被她抓到一點小把柄，她就會把它加油添醋的誇大一百倍，最後我選擇離開，而她也順利的又當回製作人，不過聽說她後來也離開了，而且是相當難看的離開。

chapter 4

八卦洗禮之藝界人生

台上台下兩面人

當然，不要以為只有幕後工作人員如此，在幕前工作的主播或是藝人也是有很恐怖的，雖然不多，但就偏偏讓我遇到。她也是個女性同仁，是我的長官，而且官位不小，公司幾乎大大小小的事情都得經過她的同意才行，而且她超級精算的，不曉得是不是她對財經特別有興趣的關係。我跟她相處的時間不長，只有整整兩個月。就我的觀察，她沒有什麼行政經驗，通常幕前的公眾人物擔任行政職務都會有這樣的毛病。只是沒吃過豬肉也應該看過豬走路吧！讓我來好好談談這位奇女子吧。

說實在的，她長的還算漂亮，從外表看來她是一個非常有吸引力的女人，而這也成為她的利器，我跟大家說過了，在傳播圈裡工作，只要是俊男美女就特別吃香，而她似乎也常常利用她的優點來麻煩別人，我想：跟她合作過一次以後就再也不會有第二次了吧，我個人認為她最厲害的一招叫做說得不清不楚，應該取自模糊理論（Fuzzy Theory）。

就是要賴在
I want to be a superstar.
演藝圈

首先最怪的是她沒有預算觀念，作過節目的人都知道要先打預算，把在作節目過程中所可能產生的費用都先約略估算出來，這樣年度結算的時候才能有憑有據，我作節目多年以來一向如此，不論在哪一台都沒有例外，就唯獨跟她做節目特別不同，預算以「精簡」為原則，起先我以為真的是創業維艱，後來我才知道原來她是因為要告訴別人她做節目是以接近「零預算」為原則的。

除此之外她也犯了一個傳播人的大忌，就是計較早上上班的時間，她要求工作人員十點以前一定要到，可是她卻從不問人家昨天幾點下班。而且我這一組連她三個人，其中一個執行製作兼她的個人助理，而且她還會說「別人都已經有十集的節目存檔，我們這個節目什麼都沒有」，她可從沒想過，同樣時間的節目，別組有五六個人的編制，本組只有工作人員除她之外兩枚，那個時候我都開玩笑的說我要去裝義肢，因為兩隻手實在不夠用。

記得前面我說過，遇到這種情形的時候要忍氣吞聲，不要跟錢過不去，然而這一次的狀況我選擇離開，因為她是公司的執行副總，球員兼裁判，我是永遠沒有平反的一天，所以我離開了，如果大家遇到跟我相同情況時，可得審慎考慮。

chapter 4 八卦洗禮之藝界人生

小心說話太實在

最近令我最為挫折的事情大概是莫名其妙離開中廣的事件了，我一向直來直往，不喜歡說謊話，我也不會為了五斗米而折腰。只記得89年10月15日當天，去電視台上班，因為牙痛得受不了而去看醫生，在要上治療椅前接到了外製單位的電話，電話那頭表示，「艾力克，因為中廣要幫你規劃一個新節目，所以你先休息，等新節目規劃好以後再通知你。」明眼人一聽就知道艾力克是什麼下場了。

其實中廣流行網美的世界要更換主持人的傳聞已經很久了，說實在的我真的不知道原因是什麼？把收聽率拿出來比一比，雖然艾力克不是一個明星電台主持人，不過收聽率可也還不錯吧！不過再怎麼說也沒有用，我還是被換掉了，其實不論是電視節目或是廣播節目要換主持人是沒什麼大不了的，只要老實說，大家好聚好散就可以了，只是在這一次的「消失」事件中艾力克學到很多的「道理」。既然選擇了當一個廣播主持人，就得要把自己變成一個明星，中國人永遠有脫離不了的包袱，永遠相信名牌！如果選擇了這條路，就把自己變成是藝人吧，這個世界上是不可能有第二個光禹的，即使你非常努力。

chapter 4 八卦洗禮之藝界人生

Tips

感謝所有曾經在中廣流行網網站為艾力克仗義執言的所有聽衆朋友，特別是在網站上留言說要等艾力克等到最後一分鐘的聽友——晴。

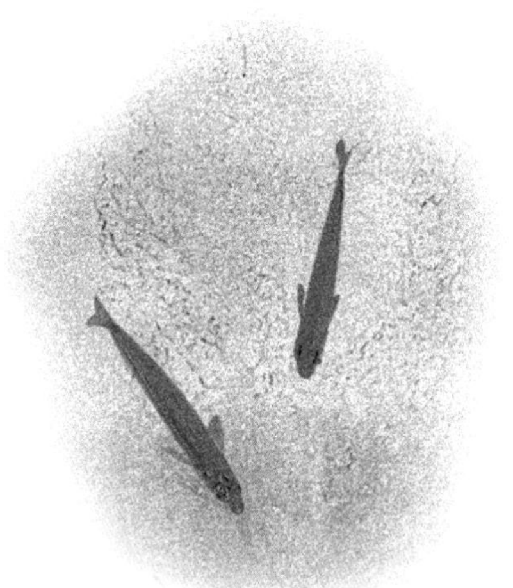

也許有人會問我：「從事傳播這麼多年，我有沒有改變？」當然有，我也曾經現實，曾經無情，曾經很賤，什麼時候我開始改變呢？說真的我並不知道，不過讓我察覺我改變的是高中同學會，還記得和高中的同學感情一直很不錯，尤其在楊梅唸書，大部分時間住在外面，和同學的互動是很密切的，畢了業之後大家各奔前程，念不同的學校接觸不同的行業，只記得在一次的同學會中，我突然覺得很瞧不起我的同學們，覺得和他們說話索然無味，恨不得馬上離開，不過我當然沒有，只是很虛偽的和一些人交談，有些人甚至連虛偽的問候都沒有，之後就找了藉口匆忙離去，在開車回家的路上，我不斷的問自己，到底怎麼了，我發現我連自己都不認識自己了，那是我第一次發現自己變了，變得很驕傲，很目中無人，其實我什麼都不是，只因為我在演藝圈工作而已，很可笑吧。另外在我剛當上廣播節目主持人時，我也曾經一度迷失自己，覺得自己與衆不同，其實電台主持人也沒什麼了不起，會受到聽衆的歡迎，也是來自於大家的支持，我只不過是把自己的角色扮演好而已，如果我因為當一個主持人而獲利，那更應該保持一顆謙卑的心，做更多有利於社會大眾的事情才是。

就如同前面說過的，在這個圈子裡面形形色色的人都有，你也許會碰到好人，但是你有更多的機會碰到壞人，而這些壞人都是「隱形」的壞人，他不會在見到你的第一眼就告訴你他是壞人，然而很可能的是在不知不覺當中你就被他給害了。

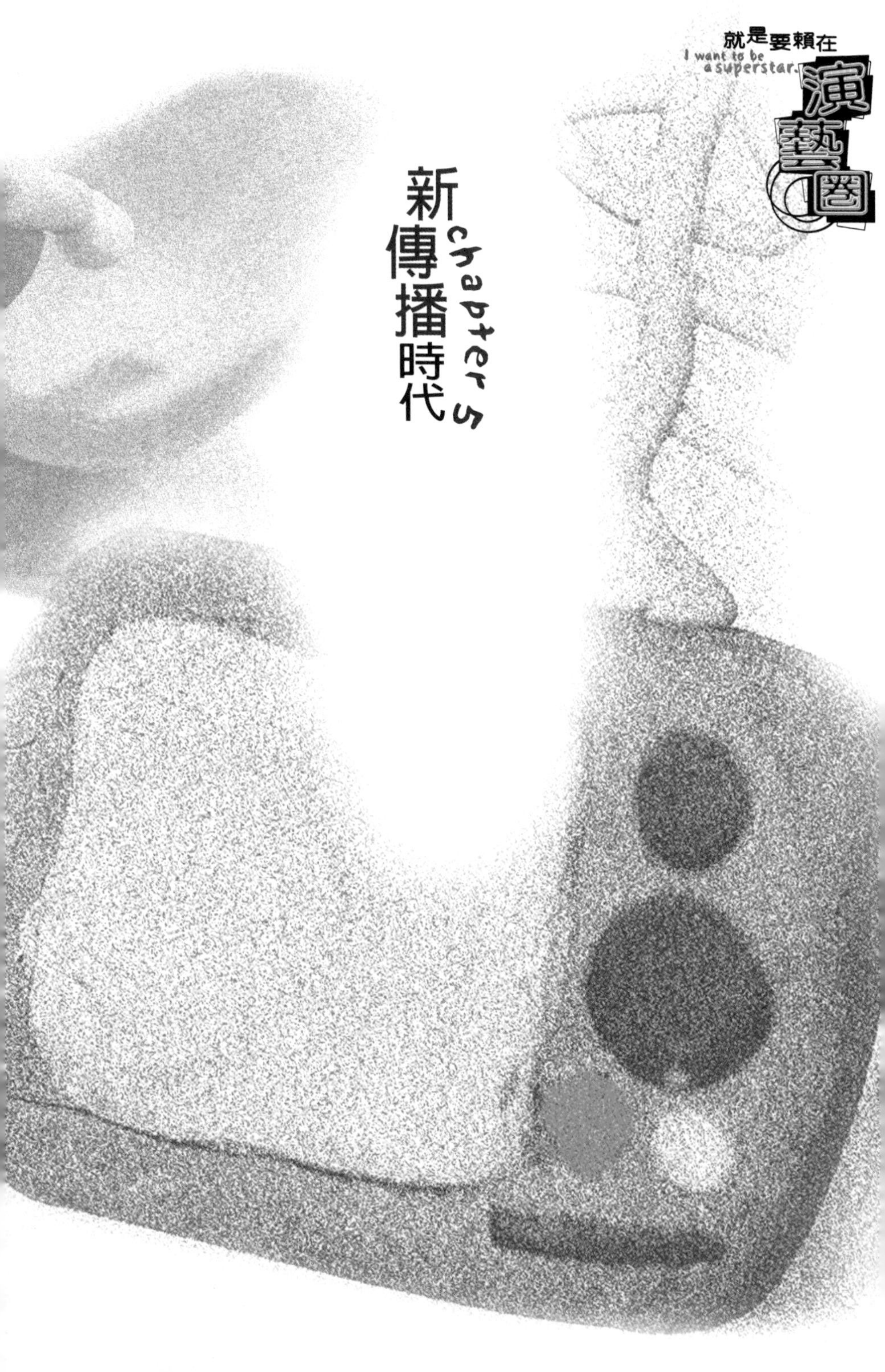
就是要賴在
I want to be a superstar.
演藝圈
新傳播時代
chapter 5

這本書花了艾力克快兩年的時間才接近完成，這可不是說我這本書是一部「大作」，只是在這兩年期間經歷過幾個不同的工作，再加上我又偷懶所以才會這麼慢完成，不過可別小看這短短的兩年，這兩年期間國內的演藝圈已經起了前所未有的變化。

從2001年開始，艾力克在演藝圈工作也邁入第十年了，最近這一兩年的變化可比當初開放有線電視還來得大呢！還記得有線電視（這裡的有線電視指的是頻道）剛開放不久的時候，那時候艾力克只在TVBS作過「兒童新聞」這個節目，而且也不是編制內的工作人員，算是接案子吧，跟著柯志恩柯姐也學了不少的東西，那時候根本沒想過要在有線電視頻道上班，總覺得不是很穩，後來還是跑去做三台的綜藝節目，一直到大地頻道要在台灣自製節目，艾力克才正式到有線電視頻道上班。提到大地頻道，艾力克就要來回味一下那個有史以來最令人懷念的工作環境。

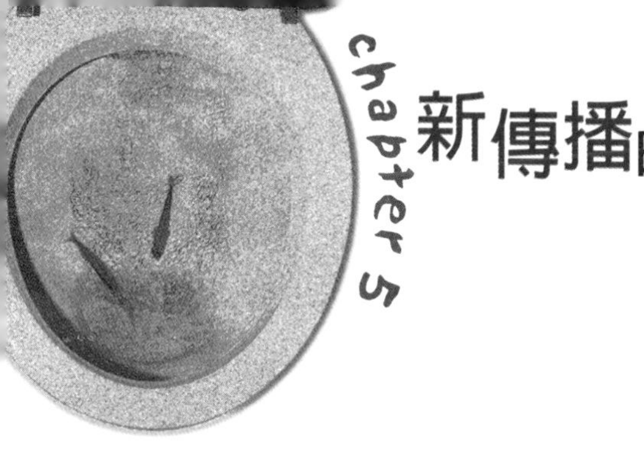

chapter 5 新傳播時代

說真的，在台灣演藝圈工作了那麼多年，還沒有一個地方比得上剛在台灣成立製作中心的大地頻道來得單純，頻道小雖小，但是五臟俱全，每一個工作同仁都和藹可親（也許除了我之前提到那一位讓大家都很感冒的主管以外），大家也都盡自己的心力在努力工作，沒有勾心鬥角，只有互相幫忙，雖然頻道剛成立，資源不是很豐富，一個人都當三個人用，可是大家都工作得很開心，也製作出不少頗受好評的節目，我必須老實說，那段時光可是我工作最快樂的時候呢！現在回想起來，眼角都還會閃著淚光，多麼令人懷念的日子，也相當佩服當時的老闆于品海先生，真是一個眼光獨到的傳播人，不過很可惜因為資金不足，所以只好把大地轉賣給和信集團了，公司大了以後規矩也就多了，不過每一個公司都有自己的文化，大地剛開台時的那種祥和，在現今演藝圈中恐怕只有大愛頻道可與之相比，不如我就稱它為演藝圈中的伊甸園吧。當時的那些同事，現在散落在各大頻道，真希望有一天，這

些大地和中天的離職員工能夠再創「天地會」的光榮。真是對不起各位讀者，我浪費了一些版面回憶，接下來我們趕快進入主題吧！

✣有線電視進入成熟期

台灣有線電視的發展已經進入成熟期了。從有線電視頻道開放至今已經超過6、7年以上了，從剛開始的篳路藍縷，一直到今天的蓬勃發展，真多虧了不求付出的工作人員，到2001年為止，有線電視的勢力範圍可以說是大致底定。目前市面上的有線電視頻道主要可以分為以下幾個系統：

一、和信系統：主要是由和信企業所主導經營的幾個有線電視頻道，包括緯來綜合台、緯來日本台、緯來電影台、緯來體育台、大地電視台以及代理的Discovery頻道。大體來說，和信系統的有線電視頻道比較保守，所以在節目的製作上比較不具變化性，也就是比較傳統，我個人認為剛畢業

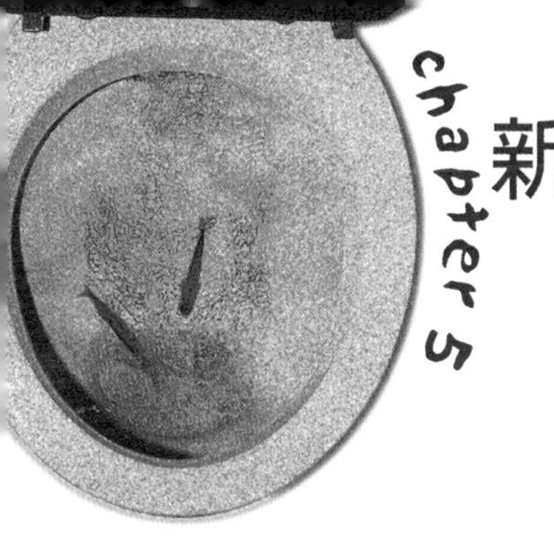

的同學們比較不適合，剛入行的小朋友們比較適合衝勁大一點、變化較多的頻道，例如TVBS家族。而和信系統在活動舉辦及企劃上似乎也應該要加強一些，另外，很可惜的是原本家族中的新聞頻道中天電視台也於今年轉手給勁報電視家族，獨獨缺了新聞頻道，在新聞戰當中可能是最吃虧的。以上純粹是我個人意見，大老闆們看到了就請多包涵一些囉，這可是我的肺腑之言呢。

二、**TVBS家族**：TVBS家族包括了TVBS、TVBS-G、MUCH TV、TVBS-N、年代產經台ERA。這個家族屬性非常豐富，幾乎包含了所有屬性的頻道，唯獨缺了體育台，但是MUCH TV還是會有體育賽事的轉播，嚴格說起來幾乎所有屬性的頻道都包了。這個家族顯得非常活潑，各頻道收視率也都不錯，在活動舉辦及企劃能力上都非常優秀，這可從舉辦過的金馬獎、金曲獎、金鐘獎等各大型活動看出，當然，這得歸功於台內的許多「大老」，他們可都是傳播圈中打不倒的老將，經驗非常的豐富，大大小小的事情都難不倒他們。我個人認為剛畢業或想入門的小朋友們非常適合去此家族作一些職能訓練，進去以後保證你會遇上各種大大小小的傳播狀況，很快你就能成為一個好手了，不過俗話說「師父領進門，修行在個人」，你可也得好好的學，否則要在裡面混可是一件很難的事喔！因為裡面前輩很多，不論你怎麼混還是都會被看出來的，所以要好自為之囉。

三、**勁報電視家族**：包括了中天頻道、POWER TV勁報電視台、中視衛星台，這是一個比較新的電視家族，在整體規劃上目前較不完善，比較清楚的反而是剛接手的中天新聞台，另外在POWER TV勁報電視台以及中視衛星台的規劃上屬性就比較不清楚了，我想這個家族要完全規劃完成，順利走出自己的風格可能還得花上一至兩年的時間，另外在人才上也比較短缺，大老闆們應該多挖一些幕後工作人員，這樣在整個頻道的規劃上才能夠更為

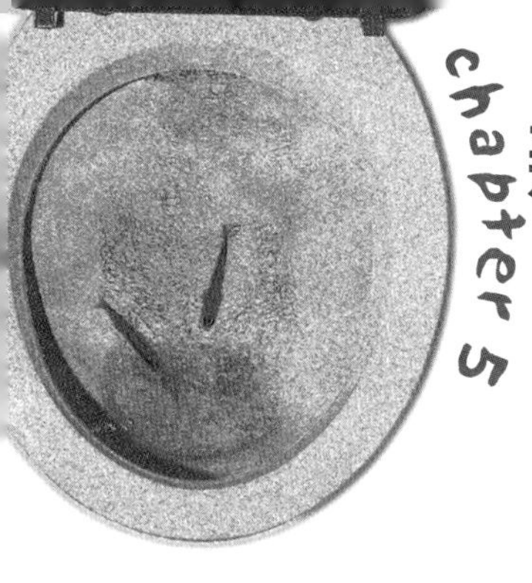

完善，也才能早日走出自己頻道的風格。

四、東森家族：包括東森綜合台、東森新聞台、東森新聞—S台、東森購物頻道、東森洋片台、東森電影台、東森幼幼台、東森YOUNG TV以及即將開播的Jacky Channel。大體來說，這是頻道屬性最為豐富的一個電視家族，但是仔細分析，我會覺得這個家族似乎是以新聞及電影為主要重點，在其他頻道的著力上似乎沒有那麼強，不過在購物頻道的規劃上卻又出奇的令人驚訝，然而在活動的規劃及執行能力上似乎也有待加強，我想這也可能是幕後人才較為缺乏的原因，但是購物頻道在日後「互動電視」的規劃上已經出現雛形，希望能好好加強「質感」上的要求，在未來說不定會獨領風騷呢！

五、八大電視家族：包括八大綜合台、八大綜藝台、八大電視劇—TV。這是比較台灣味的電視台，在節目的規劃上是比較具台灣本土味道的，

缺了新聞頻道，而且在綜合台和綜藝台的規劃上似乎也沒那麼清楚，我個人建議如果在定頻沒有問題的前提之下，不妨把27、28當作強烈的主打，讓這兩台的屬性能更清楚，否則好像是一台節目放不完再開了另一台來放的感覺，有點可惜。

六、三立電視家族：包括三立台灣台、三立都會台、SETN新聞台。這也是台灣味很重的電視家族，強打的是台灣人的電視台，我個人倒覺得這個電視台非常的小而美，麻雀雖小卻五臟俱全，在節目的規劃上也非常廣泛，有非常南部口味的台灣台節目，也有都會口味的都會台，新聞台則是以立即呈現事件現場出名，感覺上是相當有規劃的一個電視家族。

七、衛視電視家族：包括衛視中文台、衛視電影台、衛視體育台、衛視西片台。這個電視家族感覺最不台灣味，可能是國外電視集團所投資的關係吧，在我的感覺上這個電視家族的自製節目好像不多，不過卻有幾個令人印象十分深刻的招牌節目，如果可以再本土化一點，相信會有更好的成績。

以上就是目前在台灣傳播圈中幾個較為知名的電視家族，其他的一些電視頻道就有點單打獨鬥的感覺，不過實在很難想像，以台灣這麼小的地方，卻可以容納下這麼多的電視家族以及獨立頻道，實在是很神奇。但是這也是經過幾年的整合之後才出現的現象，到這個時候應該可以說是塵埃落定，要再有新的電視台出現似乎是一件不太容易的事，對於傳播有興趣的朋友們倒是可以從上面的電視家族中去做一個考量，看看自己對於哪一個家族比較有興趣，這樣可能會比較省力一些。不過既然有線電視已經呈現飽和的現象，那麼有線電視的經營者是否就此而打住呢？事實上並不然，由於科技的發展，有線電視業者除了有線電視的頻道發展以外，最近也積極從事寬頻網路

就是要賴在
I want to be a superstar.
演藝圈

的發展喔！

其實要說到寬頻上網也不是一天兩天的事了，不過以前我們想到「上網」，總不會和有線電視聯想在一起，其實這在國外已經是司空見慣的事情了，由於這不是一本教科書，因此在技術上艾力克不多作介紹以免搶了別人的飯碗，不過這裡倒是有幾本書可以介紹給大家，有興趣想多了解這些發展史的朋友可以去找來看一看，不過首先聲明的是這些書都已經出版有一段時間了，內容還夠不夠update恐怕就要大家自己去判斷了，我倒是認為基於認識及了解的觀點來說，還是可以看一下，因為目前好像沒有更新的書出來。而這幾本書大家也不陌生，在前面的「不可錯過的傳播理論」中我已經介紹給大家了，忘記了嗎？快翻到前面去，第八和第九本一定要看一下，另外這裡再介紹一本，『大媒體潮』（Megamedia Shakeout）是由凱文、曼尼（Kevin

Maney）所著，這本書還滿精采的，裡面介紹一些大企業整合的故事，還有許多新觀念，有空就看一下。

chapter 5 新傳播時代

✣新科技影響唱片業生存

這件事情茲事體大可不是隨便說說的。西元2000年台灣各行各業普遍經濟不景氣，而唱片業更是雪上加霜，我想這罪魁禍首就是「燒錄機」的問世，其實很多新科技的發明都是為了讓人們生活更便利，燒錄機就是其中的一種，然而萬萬沒想到的是這個新產品卻讓台灣的唱片業快生存不下去了。盜版的唱片雖然已經存在很久，然而在西元2000年及2001年卻更加氾濫，以往一位暢銷歌手可以賣個五、六十萬沒問題，好的甚至會超過百萬，現在能有個十幾萬就得放鞭炮了，不過以往要作盜版唱片比較不容易，現在有了燒錄機以後，盜版商可說是如虎添翼，輕輕鬆鬆就把銀兩放入口袋裡，真的很奇怪為何相關單位老是看不到，隨隨便便到各大夜市去就可以看到一海堆，希望各位長官們可以張大眼睛仔細看一看、抓一抓，要不然喔唱片公司真的快完蛋了。另外由於燒錄機的大量生產，價格就直直落，在光華商場附近隨便一問，大概幾千塊就有一台了，而且光碟片又便宜，學生們可是趨之若鶩，以往賣一張唱片大概要三五〇元，買個十幾張就可以買一台燒錄機了，何必再買唱片呢？而且如果有新專輯問世，全班出公費買一張就好，其它的就用「燒」的就好了，景氣不好每個人可都是精打細算呢！這也難怪唱片公司要搖頭了。

另外還有一項新科技也讓唱片公司一聽就咬牙切齒，就是mp3的發展。不是我在說，網路上mp3網站的速度可是快得很，有時候專輯都還沒開始賣，在網站上就可以直接下載整張專輯，我要是唱片公司我早就吐血而死了，不過就如前面所說的，新科技就是要讓人們的生活更加方便，以往的CD隨身聽

chapter 5 新傳播時代

雖然也已經過改良，不但防震而且價格也比以往更加便宜，可是現在的mp3隨身聽不僅造型更炫、體積更小，音質也不差，同時在儲存上也更為簡單、體積更小、記憶體容量更大，而且啊網路上還有許多mp3免費軟體提供下載，不僅可以播放mp3以外，還可以將CD轉成mp3儲存，在運動的時候聽根本都不需要擔心會跳針的問題，這下子CD隨身聽可是徹底被打敗了。

艾力克不是唱片公司的人，但是無論如何一定得跳出來為唱片公司講講話，為什麼呢？因為唱片業對整個傳播圈的影響實在是太大了。台灣唱片出片量之高可是世界知名，賣得好的時候廣告量就大，直接受益的就是電視台和廣播電台，以前業務只要坐在家裡等著廣告上門就可以了，現在唱片賣不好了，廣告量也跟著縮減，每個業務可都是爭破頭呢！電視台還好，廣播電台可就糟糕了，以往唱片也可是廣播電台的衣食父母，現在盜版猖獗，廣告量少了，每個電台可都是急得跳腳呢，這樣一連串的連鎖反應下來，電視台

就是要賴在
I want to be a superstar.
演藝圈

和廣播電台都得裁員了，你說慘不慘呢！所以有志於唱片業的朋友們在這一段時間最好先避避風頭，等時機好一點的時候再投入，否則可能會遭受莫大的損失，不過這倒也給從事科技研發的人一個大好的機會，不論誰能先想出解決燒錄和mp3的問題，誰就是下一個世紀的億萬富翁，我還真恨我不是念電腦的，否則下一個億萬富翁肯定就是我了。

前途茫茫的廣播電台

請所有的廣播大老們原諒我用這樣的形容詞。我現在可不是酸葡萄心理喔！事實上真的是如此。我算是一個廣播的新人，很榮幸也很幸運的在蔡榮祖以及鄭開來兩位好友的穿針引線下進入了這一行，對於一個完全不具知名度而又能進入流行網主持這件事情我得感謝好多人，先前兩位好友就不多說了，趕快來謝謝眼光獨到的許誠許董事長吧！由於他的大膽啓用，讓艾力克

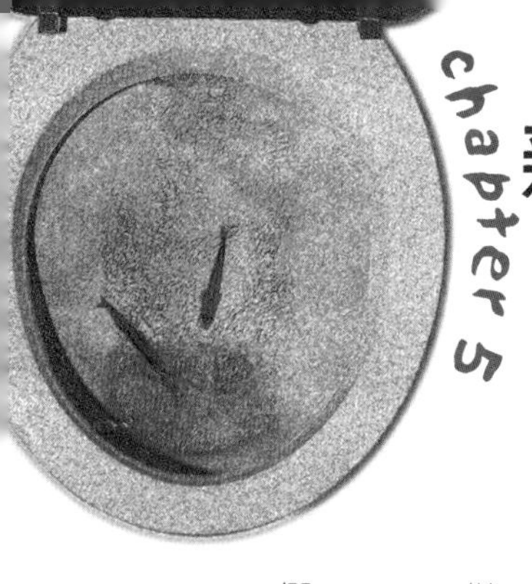

chapter 5 新傳播時代

留下許多美好的回憶。記得許董事長以前跟我聊天的時候曾經說過，在很久很久以前的那個年代，也就是中廣獨大的那個年代，是不需要出去拉廣告業務的，聽說只要坐在家裡，外面就會有一堆的人捧著錢要來上廣告，這樣的繁華美景維持了好久好久的一段時間，一直到電台執照開放。

相信現在所有的聽衆提到廣播電台已經不再只是浮現中廣而已，在腦海當中一定也同時出現了台北之音、飛碟、POWER98、亞洲、飛宇、全國、台中廣播、Kiss、港都等等許許多多的電台。由於「解禁」的緣故，讓台灣的天空顯得特別的熱鬧，各家的廣播電台也此起彼落的相互較勁，由於我真的是一個廣播新人，對全台灣的廣播局勢並不是那麼清楚，所以接下來的分析就僅限於台北部分，不周全的地方也請多多包涵。

以大台北地區來說，小小的彈丸之地，卻也有不少的電台，現在就讓我們來算一算，有中廣流行網、警廣、飛碟、台北之音、HIT FM、中廣音樂

網、Kiss、綠色和平、ICRT、中廣新聞網等等好多好多的電台喔！這麼看來，各家電台的廣告量下滑是理所當然囉！也難怪現在沒有人捧著錢要上流行網的廣告了，因為還有別的選擇啊，一塊餅有那麼多人吃，怎麼可能吃得飽呢？

由於分眾的因素，越來越多人選擇自己喜歡的電台，喜歡聽主持人風趣的言談以及多元化的資訊就選擇綜合性電台，不聽新聞就沒有安全感的就選擇新聞台，想聽音樂不想多聽話的就選擇音樂台，所有的聽眾各取所需比以往只有幾個選擇的時候好得太多了，不過這樣的現象可就苦了以前的龍頭老大中廣了，所以中廣收聽率會下降是其來有自的，因為市場被瓜分了。由於最近市場被瓜分的太過厲害，而電台的主要生計來源之一的唱片公司又面臨生死存亡的關頭，電台處境之困難可想而知了。

再說一次，這是一個分眾的時代，在這樣的情形下，專業電台就更加吃

chapter 5 新傳播時代

香了，這也難怪近兩三年來音樂台越來越受聽眾的喜愛，不過這可能也得怪綜合台節目廣告化太過於嚴重了，這可是綜合廣播電台需要深思的地方了。

艾力克離開中廣以後曾經接觸一家由南部向上北伐的著名音樂廣播電台，經過面試以及寄了試聽帶給他們之後，對方一直遲遲沒有回覆，於是艾力克就打電話去詢問，對方說「艾力克不好意思，因為我聽過你的節目帶以後，覺得你的主持方式跟我們的台性不太符合，加上最近我又比較忙，所以……」，其實這是可以理解的，聽過艾力克的節目都應該會知道，叫我只播音樂不說話，不如把我舌頭給割了吧，無論如何還是非常感謝他們給過我機會。

綜合來說，由於市場被瓜分得太細，而廣告量又不知如何增加的狀況下，電台的經營勢必受到考驗，再加上其他媒體的相互競爭，電台實在還有一段艱難的旅程需要渡過，舊有的電台如能致力於開發數位廣播並擅用網際

就是要賴在
I want to be
a superstar.
演藝圈

網路結合網路電台，應該還是能在一片廝殺當中殺出一條血路來才是，就請各位主管們多盡點心力了，還有啊，如果有人想再找我去主持可千萬別客氣，我的薪水可低了，請想盡各種方法跟我聯絡，謝謝囉！

✥曇花一現的網路公司

西元2000年是很特別的一年。我還記得在1999年跨完年以後，2000年一開始網路公司就如雨後春筍的冒了出來，那種感覺很像當初有線電視開放的時候一樣，很多從事電視工作的人也都紛紛投身網路公司，一時之間網路公司的工作成為新貴，而且每個人的薪水都非常的高，事到如今不過短短一年，網路公司也漸漸沒落了，關門的關門，還有許多仍在硬撐當中，其實真不曉得當初為何大家會覺得網路公司有賺頭，網路廣告的效益實在難以評估，而且網路無國界，主要消費群真的很難抓，真是難為那些大老闆了。

chapter 5 新傳播時代

不過由於網路實在太「分眾」了，因此一些特殊主題的網站反而是生意熱絡，比如說是手機網站、電玩網站等等，在一片不景氣當中倒也是有些賺頭，艾力克號稱手機小天使，中了手機毒，超愛買手機的，我平常沒事就愛逛手機網站，像「橘子速銷」、「比價王」、「安瑟數位」都留下艾力克的足跡，說實在的，還有所謂的網路競標，有時候能以極便宜的價格買到心愛的手機，那種快樂是旁人所無法體會的，說到手機網站就不得不提到購物網站，目前艾力克最愛逛的購物網站就是酷必得了，當然還有其他許多，我就從網路上買了一個非常便宜又漂亮的沙發床，只花了我3980元呢！

網路公司的起起落落實在帶給我們許多省思，不過這也不代表網路公司就失去了失望、沒了前途，就如前面說過的，新科技是要為人們帶來更美好的生活，相信在所有人的努力下，網路公司應該會有更好的發展，不過這恐怕得期待寬頻時代的早日來臨，否則由於頻寬的限制，網路電視台和網路廣

就是要賴在
I want to be a superstar.
演藝圈

播電台恐怕都只是想像而已，網路公司或許可以和有線電視頻道好好合作，朝「互動電視」發展，也許會另有生機。大家努力吧，在不久的將來，相信網路公司還是會成為最熱門的行業的。

✣人手一機的時代來臨

說實在的，不把電信業列入傳播業的一環實在說不過去。以往大哥大可是富貴的象徵，有大哥大的可都是有錢人，沒想到時至今日卻是人手一機，沒手機的人還會被笑說是落伍，我個人還有將近十隻的手機呢！不過這裡要說的是系統業者，目前台灣除了中華電信以外，還有遠傳電信、台灣大哥大、泛亞電信、東信電信、和信電信，其中中華電信和遠傳電信是屬於雙頻，其它是單頻，而中華電信、台灣大哥大、遠傳電信是屬於全區的業者，其他就是區域性的業者了，但是由於區域聯盟，說起來都是全省可以通的。

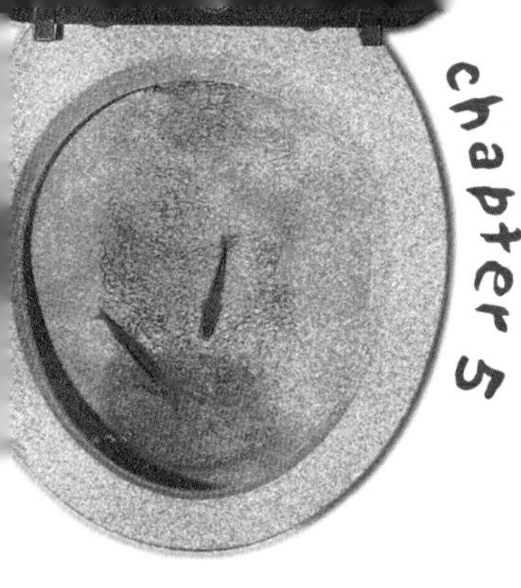

新傳播時代

電信業廣告量之大實在令人眼睛為之一亮，在一片經濟不景氣中業績可也是一片紅，我個人對於這個行業也是非常有興趣，念廣告或行銷的同學可千萬別放過這塊大餅，同樣的，念電信電子的同學在學校的時候也別忘了選修傳播或廣告行銷，在未來幾年它一定都是最熱門的行業，除此之外，系統業者往往也會找所謂的「代言人」，像是蔡依林、陳曉東、孫翠鳳等人都是相當著名的手機系統代言人，唱片公司也千萬別忘了推銷自己家歌手，每年的代言費用可也是一筆不少的收入呢！

✣越燒越烈的『哈日風』

從目前台灣整個電視環境來分析，我們很驚訝的發現，除了宗教、體育、財經、新聞、電影等專業頻道外，我們還可以發現有所謂的「日本台」，但是卻不見有所謂的「英國台」、「韓國台」、「美國台」，這可是一個很有意思的現象喔，日本的電視環境一向號稱嚴謹，工作態度也令人十分佩服，是非常制度化的，這可以從他們所呈現出來的作品上看出一二。

就讓我們先從日本的電視劇來說起吧！講到「日劇」，肯定有很多日劇迷可以滔滔不絕的說上幾天幾夜，從「東京愛情故事」、「愛情白皮書」、「跟我說愛我」、「101次求婚」、「麻辣教師」、「惡作劇之吻」、「長假」、一直到「夏之雪」，日劇對台灣所造成的震撼真是用言語所不能形容，不過只要看過日劇的人都能了解為何會對它癡迷到茶不思飯不想的地步。

第一，日劇絕不拖戲。

這和台灣的電視連續劇可大不相同了，通常日劇都是有完整的劇本、人物以及拍攝完成之後才上檔，因此整個故事架構及劇情張力都十分足夠，比較不太可能像台灣這樣邊拍邊修改，有時候為了順應觀眾要求修改內容，讓壞人不得好死、好人大團圓等等，這對專業人士來說可真是啼笑皆非，我們不可否認有時候為了收視率得要下一些猛藥，不過像台灣下這麼猛的恐怕除了國外新聞主播脫衣秀以外無人能敵。相較之於日劇就不同了，國人對於外國人就特別包容，對於外國人的生離死別也比較容易接受，因為沒辦法叫人家重拍所以只好默默接受了。

在這樣嚴謹的製作態度下，劇情自然好看，也細緻多了。

第二，俊男美女令人目不轉睛。

這可不是說台灣的演員或藝人不好看，而是台灣藝人好像有許多堅持，以日劇來說，不論是演員或者歌手都可以也願意參加戲劇的演出，因此在演員陣容上就比較多元化，觀衆也可從電視上看到自己喜歡偶像的演出，反觀台灣就比較不一樣了，電影演員比較不可能接電視劇，歌手也一樣，而電視

演員好像也很難演電影，不知道這是一種默契，還是其中有什麼不可告人的原因。

第三，日劇小而美。

還記得你最喜歡的一齣日劇有幾集嗎？最長也不會長過台灣的一百多集吧！這是一個非常重要的關鍵喔。台灣的電視製作環境很多元，有分所謂的「內製外包」、「外製外包」、「委製」等等諸如此類的製作方式，於是製作人以廣告為考量點，收視率高、廣告量好的時候就加長集數，媽媽和子女可以擦身而過不相識，劇情也可以來個晴天霹靂的非婚生子女或者來個遺產爭奪大戰等等，反正只要收視率好，劇情絕對可以無限延長，可是最後的結果是觀衆還是邊罵邊看，台灣人真的好奇怪。

chapter 5

新傳播時代

✣平面傳播革命將再起

在所有的傳播領域當中，平面傳播是艾力克較少接觸的，這裡指的「平面」指的是出版業囉，所以接下來艾力克所說的如有不是之處也請出版業的大老們多多指教。其實自從網際網路盛行之後，出版業者著實面臨一大考驗，據說銷售量也因此跌了不少，情況似乎比唱片業好不到哪裡去，但是就我的觀察，這幾年來出版業也有了不少的改變，首先我發現雜誌越來越專業化了，記得以前念廣告學的時候曾經讀過「這是一個分眾的時代」，既然是分眾的時代，那麼一本雜誌或報紙想要大小通吃就越發顯得不可能了，於是市面上就有越來越多的專業雜誌或報刊出現了，每一個消費者可以選擇自己喜歡的領域雜誌去閱讀。

第二我認為出版業者應該更加妥善使用網際網路。怎麼說呢？由於網際網路的流行，很多文字資料都可以被放到網站上供網友使用，更何況網際網路是無國界之分的。

第三、電子書將再度威脅出版業者。最近我買了一台PDA（待會會介紹給大家，是必備工具喔！）使用了之後我才知道有多方便，除了一般的時間管理、記事功能以外，更可從網路上下載許多的電子書和「頻道」來閱讀。

傳播人必備工具PDA

這個東西是我最近才接觸的，也還好我接觸了它，所以無論如何我一定得花一點時間來介紹它。為什麼我說PDA是傳播人所必備的工具呢？因為它實在是太方便了，還記得一兩年以前流行的是筆記型電腦，不過現在如果你不知道PDA是什麼那可就是非常落伍了，PDA是Personal Digital Assistance的縮寫，翻成中文就是個人數位助理，還記得金城武在一個手機上所說的廣告

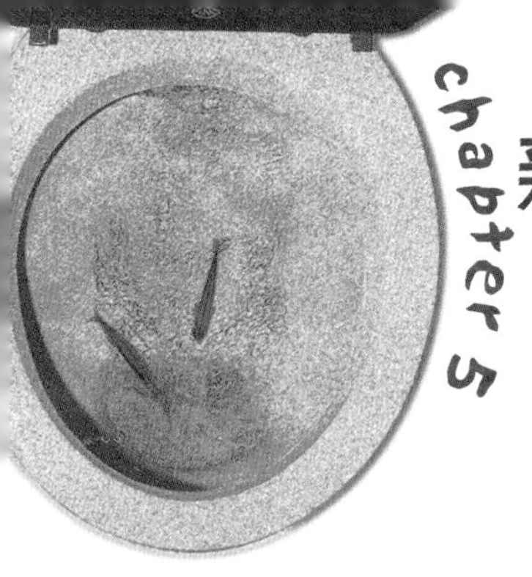

chapter 5

新傳播時代

詞嗎？「有了數位助理，何須助理數位？」沒錯，PDA就是這麼方便。

目前市面上所販賣的PDA大概可分成三個系統：Palm、Win CE以及封閉系統三種，在這裡我就不多說他們的分別在哪裡，有興趣的讀者趕快到「鴉片網」去看看就會了解，重要的是PDA的確可以幫傳播人許多忙，舉凡行事曆、待辦事項、花費等等功能，讓身為傳播人的我能夠靠它處理許多的問題，甚至還可以透過擴充功能將你的PDA變成是MP3隨身聽、數位相機、衛星定位器等等，所以如果你有志於傳播，或者是你有許多繁忙事務的人都應該有一台，至於要買哪一個系統就看個人喜好了，不過我個人是不鼓勵買封閉系統的，一方面不能升級，可以下載使用的程式又有限，還是以Palm以及Win CE比較優秀喔。

新聞與商業密切結合

其實這是非常不對的，不過在最近卻非常流行。由於新聞台財大氣粗，為了避免艾力克被告，例子我就不舉了，但是相信大家只要仔細觀察，絕對可以發現蛛絲馬跡，現在的媒體用「企業」來形容一點也不為過，有時媒體只不過是大企業的一小環節罷了，因此媒體在這個時候又扮演起宣傳的角色，大企業中如果有任何新興的產業，新聞就可立即為其報導、宣傳，不可否認的是媒體角色的確很難拿捏，而觀衆又有「知」的權利，所以有時候要怪罪媒體也是說不過去，這個時候媒體從業人員的良知就深受考驗了，但是又有多少人願意跟白花花的銀兩過不去呢？

✣我們需要典範

我們需要典範。這裡指的典範是什麼呢？我想是一個完全沒有商業壓力的國家電視台吧。也許有人會說我們已經有公共電視啦，沒錯，我們是有公

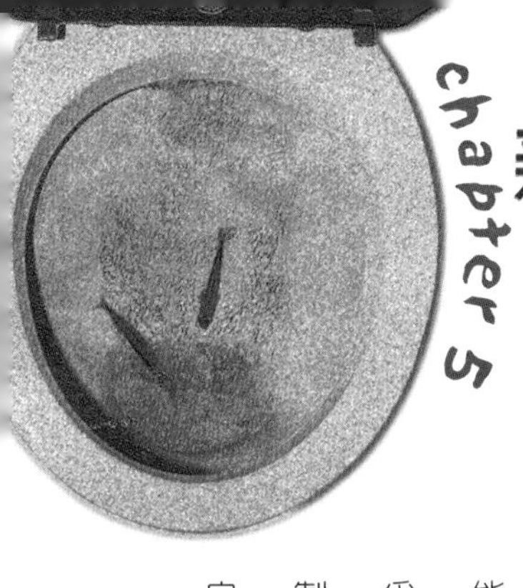

chapter 5 新傳播時代

共電視，可是我們的公共電視好像天上的仙女，不食人間煙火，不知民間疾苦。在這裡我完全沒有否認公共電視開台後的貢獻，只是覺得公共電視還是離台灣演藝圈稍微遠了一點，公共電視自從推出以後，很多類型節目受到好評，大家對它的期望也都很高，只是我是不曉得法令上是否有在節目類型上特別的規定，目前在電視節目表現優異的很多所謂「一線演員」或「一線主持人」在公共電視上也完全不見他們的蹤跡，另外在整體預算上好像也出現了問題，總而言之，似乎不是很順就對了。也許有人會說，公共電視就是應該要與眾不同，不過如果因為要與眾不同而遠離群眾，似乎又有點說不過去了，我個人衷心的期盼，國家能夠對公共電視全力支持，在人才的招募上也能更具彈性，在節目的規劃上可以與大多數的民眾更貼切，台灣的電視圈競爭已經很強，然而也確實必須要有清流出現，如果公共電視能夠將之整合，製作出又受歡迎、收視率又高的節目，相信會給所有電視從業人員一個非常良好的典範。

後記

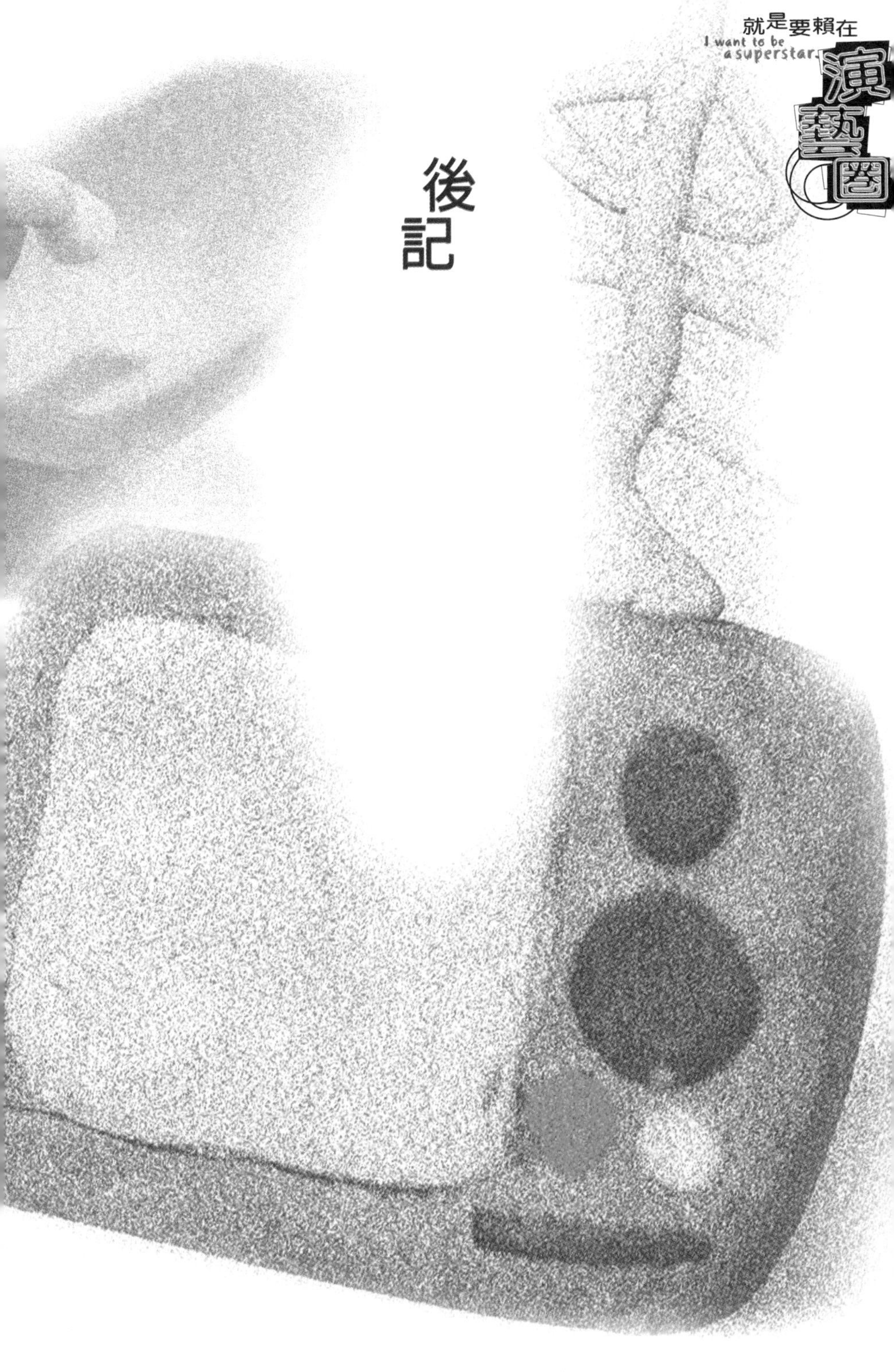

後記

這本書到這裡告一個段落了。我花了好長的時間才完成它，在這裡要跟所有久候的讀者朋友說聲抱歉，由於我的偷懶而讓大家久等了，當然這本書還有許多缺漏的地方，如果我是一個專業作家也許可以寫得更完備一些，但是無論如何真的希望這本書能讓所有有志於從事傳播的朋友得到一些幫助，原本在書中有安排一段落是要介紹傳播圈必備的「術語」篇，但是有很多事情是要自己親身去體會才能更清楚的，如果艾力克把所有的事情都說了，那就有點失去從事傳播的樂趣了。無論如何謝謝大家的支持！

Tips

請搭乘捷運的朋友們，在搭乘電扶梯的時候記得要靠右邊，左邊留給要快速通行的人，謝謝！

30分鐘系列

行動管理百科

隨身版 正式上市

掌握行動力　　赢在起跑點

讓你　隨身攜帶、方便閱讀
使你　提昇工作力、創造競爭力
教你　彈指之間EASY面對全方位挑戰

30分鐘教你
① 提昇溝通技巧　② 自我腦內革命　③ 樹立優質形象
④ 錢多事少離家近　⑤ 創造自我價值　⑥ Smart解決難題
⑦ 如何激勵部屬　⑧ 掌握優勢談判　⑨ 如何快速致富

0分鐘管理百科（共9冊）
價：990元，
本合購特價799元，
贈歐式精裝布面行動管理手札。

SBN(套號)：957-8219-25-3

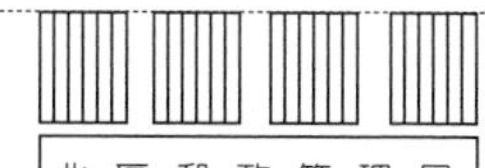

北區郵政管理局
登記證北台字第9125號
免貼郵票

大都會文化事業有限公司
讀者服務部收

110 台北市基隆路一段432號4樓之9

寄回這張服務卡(免貼郵票)
您可以：
◎不定期收到最新出版訊息
◎參加各項回饋優惠活動

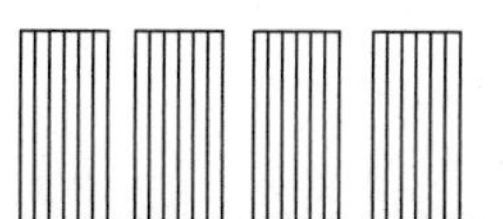

大都會文化

大都會文化　讀者服務卡

書號：Fashion-005　下一個偶像就是你

謝謝您選擇了這本書！期待您的支持與建議，讓我們能有更多聯繫與互動的機會。日後您將可不定期收到本公司的新書資訊及特惠活動訊息，若直接向本公司訂購(含新書)將可享八折優待。

A.您在何時購得本書：_____年_____月_____日

B.您在何處購得本書：________書店，位於_________(市、縣)

C.您從哪裡得知本書的消息：1.□書店 2.□報章雜誌 3.□電台活動 4.□網路資訊 5.□書籤宣傳品等 6.□親友介紹 7.□書評 8.□其它________

D.您購買本書的動機：（可複選） 1.□對主題或內容感興趣 2.□工作需要 3.□生活需要 4.□自我進修 5.□內容爲流行熱門話題 6.□其他________

E.您最喜歡本書的：（可複選）1.□內容題材 2.□字體大小 3.□翻譯文筆 4.□封面 5.□編排方式 6.□其它________

F.您認爲本書的封面設計：1.□非常出色 2.□普通 3.□毫不起眼 4.□其他____

G.您認爲本書的內文設計：1.□非常出色 2.□普通 3.□毫不起眼 4.□其他____

H.您通常以哪些方式購書：(可複選)1.□逛書店 2.□書展 3.□劃撥郵購 4.□團體訂購 5.□網路購書 6.□其他________

I.您希望我們出版哪類書籍：（可複選）1.□旅遊 2.□流行文化3.□生活休閒 4.□美容保養 5.□散文小品 6.□科學新知 7.□藝術音樂 8.□致富理財 9.□工商企管 10.□科幻推理 11.□史哲類 12.□勵志傳記 13.□電影小說 14.□語言學習(____語) 15.□幽默諧趣 16.□其他________

____

J.您對本書(系)的建議：________

____

K.您對本出版社的建議：________

____

讀者小檔案

姓名：________ 性別：□男 □女 生日：____年____月____日

年齡：1.□20歲以下 2.□21—30歲 3.□31—50歲 4.□51歲以上

職業：1.□學生 2.□軍公教 3.□大衆傳播 4.□服務業 5.□金融業 6.□製造業 7.□資訊業 8.□自由業 9.□家管 10.□退休 11.□其他

學歷：□國小或以下 □國中 □高中／高職 □大學／大專 □研究所以上

通訊地址：________

電話：（H）________（O）________ 傳真：________

行動電話：________ E-Mail：________

下一個偶像就是你-就是要賴在演藝圈

作　　者：艾力克
發 行 人：林敬彬
主　　編：郭香君
助理編輯：蔡佳淇
內文設計：周怡甄
封面設計：億起飛數位文化

出版：大都會文化行政院新聞北市業字第89號
發行：大都會文化事業有限公司
110台北市基隆路一段432號4樓之9
讀者服務專線：（02）27235216
讀者服務傳真：（02）27235220
電子郵件信箱：metro@ms21.hinet.net
郵政劃撥：14050529　大都會文化事業有限公司

出版日期：2002年9月改版第一刷
定　　價：180元

ISBN：957-30017-9-9
書　　號：Fashion-005
Printed in Taiwan

國家圖書館出版品預行編目資料

下一個偶像就是你/ 艾力克著. ---- 二版. ----
台北市 ： 大都會文化，2002[民 91]
面;　公分.　----（流行瘋系列 5 ）
ISBN　957-30017-9-9（平裝）
1. 表演藝術---通俗作品2.大眾傳播
541.83　　　　　91013193

下一個
偶像就是你

下一個
偶像就是你

下一個
偶像就是你

下一個
偶像就是你